yr hwn ydwyf **John Meredith**
Hunangofiant

yr hwn ydwyf John
Meredith
Hunangofiant

gyda Lyn Ebenezer

I Erin, Martha, Cari, Caitlin a Henry

Argraffiad cyntaf: 2010

© Hawlfraint John Meredith a'r Lolfa Cyf., 2010

Mae hawlfraint ar gynnwys y llyfr hwn ac mae'n anghyfreithlon i lungopïo neu atgynhyrchu unrhyw ran ohono trwy unrhyw ddull ac at unrhyw bwrpas (ar wahân i adolygu) heb gytundeb ysgrifenedig y cyhoeddwyr ymlaen llaw

Dymuna'r cyhoeddwyr gydnabod cymorth ariannol
Cyngor Llyfrau Cymru

Cynllun y clawr: Alan Thomas
Llun y clawr: Arvid Parry-Jones

Rhif Llyfr Rhyngwladol: 978 184771 279 0

Cyhoeddwyd, rhwymwyd ac argraffwyd yng Nghymru
gan Y Lolfa Cyf., Talybont, Ceredigion SY24 5HE
gwefan www.ylolfa.com
e-bost ylolfa@ylolfa.com
ffôn 01970 832 304
ffacs 832 782

Â gwên, fe gofiwn gennad – fe'i gwysiwyd,
  hwn fu gwas yr henwlad
yn awr ei nerth – cadarnhâd;
enillwyd y Cynulliad.

Ellis Roberts

Prolog

'Ydwyf!' Gair bach syml ond gair bach cadarnhaol hefyd. Gair gramadegol gywir. Nid y math o air y bydde crwt o'r Bont yn ei ynganu. 'Ydw', hwyrach. Neu'n llawer mwy tebygol, 'Odw'. Dyna beth ddywedai crwt o'r Bont. Ond y tro hwn roedd arwyddocâd yr achlysur yn gofyn am ynganiad ffurfiol a phendant. Ac wrth i mi syllu i lygad y camera, 'Ydwyf' oedd y gair a ddefnyddies.

Hyd y medra i gofio, dim ond unwaith rown i wedi ateb unrhyw un mor ffurfiol. A gair cadarnhaol wnes i ei ddefnyddio bryd hynny hefyd, sef 'Gwnaf!', a hynny o flaen yr allor yng Nghapel Blaenpennal wrth i mi dderbyn Tegs yn wraig briod i mi yn 1970. Y tro hwnnw, dim ond teuluoedd Tegs a minnau, ffrindiau agos a'r gweinidog oedd yn gwrando. Y tro hwn roedd y genedl Gymraeg gyfan yn hongian wrth un gair bach pum llythyren. Ac o ddeall ei arwyddocâd roedd rhai ohonynt yn gwgu ac yn siomedig. Ond y mwyafrif yn dathlu a llawenhau.

Roedd dydd Iau, 18 Medi 1997 wedi troi yn oriau mân fore Gwener. Y pleidleisio 'Ie' neu 'Na', dros y Cynulliad neu yn ei erbyn, drosodd. Roedd y cabanau pleidleisio wedi hen gau a llawer o'r canlyniadau eisoes wedi'u cyhoeddi. Roedd golwg bryderus ar wynebau'r rhai oedd wedi gobeithio am fuddugoliaeth i 'Ie' tra bod y rhai oedd yn bleidiol i 'Na' yn edrych yn dawel hyderus.

Ond roedd y ddrama wedi dechrau'r noson cynt. Roedd y diwrnod hwnnw eisoes wedi bod yn ddiwrnod hir. Yn absenoldeb gohebydd lleol BBC Cymru, Alun Lenny, anfonwyd fi i lawr i Gaerfyrddin i gyflwyno bwletinau radio a theledu ar ddigwyddiadau a datblygiadau'r Refferendwm. Ond roedd gen i waith i'w wneud cyn hynny. Mae'r dyddiadur ar gyfer y cyfnod hwnnw gen i o hyd ac mae'n dangos mai fy ngwaith cynta ar y dydd Iau oedd teithio i Lanwrtyd, lle roedd y banc lleol yn cau. Yn naturiol, doedd y bobol leol ddim yn hapus. Ac roedd angen adroddiad ar y digwyddiad ar gyfer y newyddion y noson honno.

Ar ôl cwblhau'r stori yn Llanwrtyd, fe deithies i 'nôl i Aberystwyth gyda'r tâp i'w drosglwyddo i'r stiwdio. Yna, bant â fi am Gaerfyrddin ar gyfer y cyfrif. Ar fy ffordd i lawr fe dderbynies i alwad ffôn. Gan fy mod i braidd yn gynnar, dyma gael fy anfon lawr i waelod sir Gaerfyrddin i holi aelod o Gyfeillion y Ddaear neu CND – fedra i ddim cofio'n iawn prun – ar ryw fater amgylcheddol. Down i ddim yn rhyw hapus iawn gan y gwyddwn y bydde hi'n noson hir yng Nghaerfyrddin. Fe wnes i gwblhau'r dasg honno, a dyma droi 'nôl am Gaerfyrddin a gadael fy mag nos yng ngwesty'r Llwyn Iorwg. Roedd hyn, sef cysgu oddi cartref, yn ddigwyddiad digon prin y dyddiau hynny.

Fe gyrhaeddes i Ysgol Bro Myrddin yng nghanol y glaw tuag wyth o'r gloch. Finne'n meddwl tybed a oedd y tywydd yn arwydd o'r hyn oedd i ddod? Daeth geiriau marwnad Llywelyn i'm cof:

Poni welwch chi hynt y gwynt a'r glaw?
Poni welwch chi'r deri'n ymdaraw?...

Fel gohebydd, roedd gofyn i mi fod yn ddiduedd, wrth gwrs. Ond roedd gen i deimladau, fel pawb arall. Ac fe wyddwn yn dda os mai 'Na' fydde'r canlyniad, yna dyna'r diwedd o ran ennill unrhyw fath o fesur o hunanlywodraeth am flynyddoedd, os nad cenhedlaeth, i ddod.

Erbyn hyn roedd y bocsys pleidleisio'n dechrau cyrraedd, a minnau wrthi'n ymgyfarwyddo â'r lle ac yn ystyried pa bobol i'w holi. Y teimlad yn gyffredinol oedd y bydde canlyniad reit dda dros ddatganoli yng Nghaerfyrddin, beth bynnag am weddill Cymru. Ond fedrwn i ddim cael unrhyw arwyddion pendant nes i'r cyfrif ddechrau.

Fi oedd i fod yn gyfrifol am yr adroddiadau Cymraeg, ac yn fy nghyfarwyddo roedd Alun 'Sbardun' Huws. Rwy'n cofio dweud wrtho fod gen i ryw deimlad ym mêr fy esgyrn y medren ni fod ynghanol rhyw ferw mawr. Roedd Caerfyrddin wedi cael sawl profiad o hynny yn y gorffennol mewn Etholiadau Cyffredinol a theimlwn fod digwyddiad mawr arall, hwyrach, ar fin gwawrio. Rown i'n iawn.

Cyn mynd lawr i Gaerfyrddin rown i wedi gwneud tipyn o waith cartref: nodi nifer y pleidleiswyr yn yr etholaeth, er enghraifft, a hynny mewn etholaeth fawr, wasgaredig. Oherwydd hynny roedd yna deimlad y bydde canlyniad Caerfyrddin ymhlith yr etholaethau olaf i gael eu cyhoeddi. Ond prin y credai neb mai hwn fydde'r canlyniad olaf un i'w gyhoeddi, ac y bydde'n un mor ddramatig.

Yn y cyfrif roedd yna lefarwyr dros y gwahanol bleidiau a charfanau. Un o'r rheiny oedd y Cynghorydd Dai Lloyd Evans, arweinydd Cyngor Ceredigion, un o'r rhai a oedd yn cynrychioli'r garfan 'Na'. Fe'i cawn hi'n anodd deall pam gan fy mod i'n gyfarwydd iawn â Dai ac yn gwybod ei fod e'n Gymro cadarn. Rwyf wedi siarad ag ef droeon wedi hynny, wrth gwrs, a theimlad Dai ar y pryd oedd na fydde cael Cynulliad o les i Gymru gan y bydde'n dwyn grym oddi ar awdurdodau lleol a'i ganoli yng Nghaerdydd.

Roedd cynrychiolwyr pob barn yno: Syr Eric Howells, er enghraifft, yn cynrychioli 'Na', a'r cawr mawr ei hun, Hywel Teifi Edwards, yn uchel ei gloch gyda'r criw 'Ie'. Roedd angen i mi drefnu fod pobol fel y rhain ar gael yn ystod y cyfrif – ac wedi iddo gael ei gwblhau. Fy ngwaith i yng Nghaerfyrddin oedd bwydo'r brif stiwdio yng Nghaerdydd, lle roedd Dewi Llwyd yn angor. Yn Saesneg, yr angor yng Nghaerdydd oedd Huw Edwards tra bod ei dad, druan, yn dalp o ofid yng Nghaerfyrddin. Y gohebydd Saesneg yng Nghaerfyrddin oedd Jane O'Brien, a fu'n gweithio i'r rhwydwaith yn ddiweddarach. Roedd adnoddau darlledu allanol yno ar gyfer bwydo'r cyfryngau yng Nghaerdydd a Llunden. Ac o ystyried yr hyn a ddigwyddodd wedyn, bu hynny'n gam ffodus iawn.

Toc wedi deg fe ddechreuodd y bocsys cynta gyrraedd. Ac ar ôl rhyw awr i awr a hanner roedd y clercod answyddogol yn gwneud rhagolwg o'r canlyniadau o'r gwahanol focsys, a hynny'n rhoi i ni ohebyddion ryw fath o awgrym o'r tueddiadau. Roedd hi'n dipyn haws mewn Refferendwm nag mewn Etholiad Cyffredinol gan mai dim ond dau geffyl oedd yn y ras. Tua hanner nos roedd hi'n dod yn amlwg fod Caerfyrddin, o fwyafrif o ddwy bleidlais i un, wedi pleidleisio 'Ie'. Yna cyhoeddwyd beth oedd canran y pleidleiswyr. Ac yn sgil hynny roedd modd cadarnhau neu wrthbrofi'r rhagdybiaeth ynghylch maint y mwyafrif. Roedd yr hyn a welwn yn awgrymu buddugoliaeth dros 'Ie' o tuag ugain mil, neu o leiaf rhwng deunaw a dwy fil ar hugain. Roedd hi'n amlwg mai 'Ie' fydde'n ennill, ond yn bwysicach na'r canlyniad yr oedd maint y mwyafrif.

Fe ddechreuodd y canlyniadau cenedlaethol ddod trwodd – y rhai cynta o'r gogledd-ddwyrain, yr etholaethau lle roedd y garfan 'Na' gryfaf. Ar un adeg roedd y bleidlais 'Na' tua deugain mil ar y blaen, ac roedd hi'n ymddangos fod y Refferendwm dros gael Cynulliad wedi methu am yr eildro mewn ugain mlynedd.

Roedd yr adeg honno'n gyfnod diddorol iawn yn y noson gan fod modd darllen ar wynebau llawer o'r gweithwyr yno ar ba ochr y safent. Roedd rhai ag wynebau hirion iawn tra bod eraill yn methu cuddio gwên. Roedd yn amlwg hefyd ar wynebau staff y cyfryngau oedd yn bresennol. Wedi i dri chwarter y canlyniadau gyrraedd – roedd hi tua hanner awr wedi un erbyn hynny – fe ymddangosai'n fwyfwy tebygol mai 'Na' fydde'n fuddugol.

Dyna pryd y cefais yr argraff fod Dai Lloyd Evans mewn cyfyng-gyngor. Yn wahanol i'r rhelyw o'r ymgyrchwyr dros 'Na', roedd ei wyneb yn awgrymu i mi iddo wrthwynebu 'Ie' yn groes i'r graen. Teimlwn fod yna elfen o siom ar ei wyneb. Roedd y pen, hwyrach, yn cytuno ond y galon yn drist. Yn sicr, yn wahanol i'r rhelyw o gefnogwyr 'Na', doedd Dai ddim yn ymfalchïo. Ond erbyn hyn roedd hyd yn oed y rhai mwyaf gobeithiol yn y garfan 'Ie' wedi rhoi'r ffidil yn y to. Rwy'n cofio Hywel Teifi'n taranu wrtha i, 'Man a man i ni fod yn b.... Saeson!' Roedd e wedi cael llond bola.

Gyda'r cyfrif yng Nghaerfyrddin wedi'i gwblhau, ond heb ei gyhoeddi, pwy ddaeth ata i ond Hefin Edwards, cyn-ohebydd gyda Radio Cymru a oedd yn gweithio fel swyddog cyhoeddusrwydd i Gyngor Sir Caerfyrddin ar y pryd. Erbyn hyn, ysywaeth, y diweddar Hefin Edwards. Roedd Hefin wedi bod i mewn yn y cyfrif ac yn gwybod yn union beth oedd manylion y canlyniad. Dyma fe'n closio ata i a sibrwd, 'Rwyt ti'n mynd i fod yn hapus iawn gyda chanlyniad sir Gaerfyrddin.'

Finne'n ateb, 'Rwy'n amcangyfrif, Hefin, y bydd y mwyafrif tua deunaw mil.'

'Fe fyddi di'n fwy hapus na hynny!'

'Ugain mil?'

'Fe fyddi di'n fwy hapus na hynny hefyd!'

A dyma gael gwybod nawr o lygad y ffynnon, yn answyddogol ond o ffynhonnell ddibynadwy, fod mwyafrif Caerfyrddin dros yr ugain mil. Hyd yn oed wedyn doeddwn i ddim yn meddwl y bydde hynny'n ddigon gan fod y bleidlais 'Na' yn dal tua deugain mil ar y blaen.

Tua thri o'r gloch y bore, a chanlyniad Caerfyrddin yn dal heb ei gyhoeddi, fe dderbynies alwad i gynnal sgwrs fyw â Dewi Llwyd. Fyny â fi fry i'r gantri. Fel rown i'n disgwyl am lais Dewi, dyma glywed drwy'r teclyn clust ganlyniad Gwynedd, gan olygu mai dim ond Caerfyrddin fydde ar ôl. Yn dilyn y canlyniad o Wynedd roedd cyfanswm y mwyafrif o blaid 'Na' yn bymtheg mil, neu ychydig yn fwy na hynny. Pan glywes i hynny, fe wyddwn fod gen i wybodaeth bwysig, gwybodaeth a oedd yn datgelu fod 'Ie' yn mynd i ennill. Ar wahân i swyddogion y cyfrif, fi oedd yr unig un a oedd mewn sefyllfa i wybod hynny. Roedd gan weddill y gohebwyr fwy o ddiddordeb yn y modd y rhanwyd y pleidleisiau yn y gwahanol ardaloedd – Llanelli, er enghraifft, a'r ardaloedd gwledig. Rown i ar dân eisiau dweud. Ond chawn i ddim.

Erbyn hyn rown i ar binnau eisiau datgelu fy ngwybodaeth, neu o leia awgrymu'r hyn a wyddwn. Roedd e'n deimlad mor rhwystredig. Yn un peth fe fu cryn oedi cyn y gallwn fynd draw at Dewi Llwyd. Yn ail – ac yn llawer pwysicach – doedd gen i ddim hawl i ddatgelu'r canlyniad cyn iddo gael ei gyhoeddi'n swyddogol o'r llwyfan gan y Swyddog Adrodd. Y benbleth fawr oedd penderfynu pa mor bell fedrwn i fynd heb dorri cyfrinach – a thorri'r rheolau.

Dyma Dewi Llwyd yn dod drosodd o'r diwedd. Fe glywn ei lais yn dweud mai dim ond un canlyniad oedd ar ôl, a bod yr ymgyrch 'Ie' yn dal dros bymtheg mil ar ei hôl hi.

'Draw â ni,' medde fe, 'at ein gohebydd John Meredith yng Nghaerfyrddin. John, ydych chi'n ein clywed ni?'

Finne'n ateb 'mod i'n ei glywed e'n glir. Ond wrth i fi sylweddoli fod gen i wybodaeth a fydde'n arwain at newid mawr yng Nghymru, doeddwn i'n dal ddim yn siŵr sut i drin yr wybodaeth. Oedd, roedd gen i hawl awgrymu, wrth gwrs. Ond chawn i ddim dweud pa ochr oedd wedi ennill. Fedrwn i ddim mynd ymhellach na dweud fod yr ymgyrchwyr 'Ie', ar ôl clywed canlyniad Gwynedd, yn edrych yn llawer hapusach. Ond roedd Dewi am wybod mwy.

'O gofio fod mwyafrif y bleidlais "Na" ar hyn o bryd dros un fil ar bymtheg, ydych chi'n dweud fod canlyniad Caerfyrddin yn mynd i fod yn ddigon i ennill y dydd i'r bleidlais "Ie"?' gofynnodd Dewi. Rown i nawr mewn cyfyng-gyngor. Beth ddylen i ei wneud? Ond roedd hon yn foment rhy bwysig i wamalu ac eistedd ar ben llidiart. A dyma fentro, a bwrw iddi.

'Fe'ch ateba i chi mewn un gair, Dewi – ydwyf!'

O fewn eiliadau roedd fy ffôn i ar dân gyda gohebyddion o bobman yn ceisio cael cadarnhad o'r hyn rown i wedi'i awgrymu. Ac nid gohebyddion yn unig ond cyd-weithwyr eraill yn ogystal â ffrindiau. Rwy'n cofio, er enghraifft, Nia Harri'n ffonio, a finne'n cadarnhau'r canlyniad wrthi. A hithau'n gweiddi, 'O! Diolch! Rwy'n mynd i ffonio Mam nawr i ddweud wrthi am godi!'

Erbyn hyn rown i am siario fy ngwybodaeth – a'm llawenydd – gyda chymaint ag y medrwn i. Yn gynta fe ffonies i Tegs, a oedd wedi hen fynd i'w gwely, a dweud wrthi am godi a gwylio'r foment fawr ar y teledu. Down i erioed wedi breuddwydio y cawn i fy hun yn y fath sefyllfa. Cael gwybod o flaen pawb, bron, fod hanes Cymru i newid am byth. Fe ges i wybodaeth wedyn fod adran Saesneg y cyfryngau eisoes wedi darogan fod y bleidlais 'Na' wedi ennill. Roedd Peter Snow a'i declyn 'Swingometer' yn seiliedig ar fodel o drên bach yr Wyddfa, wedi darogan hynny. Roedd trên bach Snow wedi dod i ben y daith cyn cyrraedd y copa, wedi rhedeg allan o stêm, mae'n debyg, o fewn llathenni i'r copa. Roedd trên bach Snow yn sownd yn yr eira! Cadarnhaodd Vaughan Roderick wrtha i wedyn fod cyfarwyddiadau o Lundain wedi cyrraedd Caerdydd yn dweud y dylid paratoi i gyhoeddi buddugoliaeth dros 'Na'. Ond dyma Vaughan yn eu perswadio i bwyllo ar ôl clywed yr hyn wnes i ei ddatgelu o Gaerfyrddin.

Roedd wynebau cefnogwyr y ddwy garfan wedi newid yn llwyr erbyn hyn. Yn anffodus ches i ddim cyfle i weld Hywel Teifi. Ond fe fedra i ddychmygu sut olwg oedd ar ei wyneb ef. Ac i ddod 'nôl at Dai Lloyd Evans, fe ges i'r teimlad, er iddo wrthwynebu datganoli yn ei hanfod, iddo gael rhyw ryddhad mawr.

Roedd wynebau cefnogwyr 'Na', wrth gwrs, yn hollol wahanol bellach. Er fe ddylid ychwanegu mai siom tymor byr ydoedd, mewn gwirionedd. Cyn i'r canlyniadau ddechrau cyrraedd doedden nhw ddim wedi meddwl fod ganddyn nhw obaith. Oherwydd hynny, hwyrach i'r siom fod yn fwy. Fel mewn gêm bêl-droed, pan fo rhywun, yn annisgwyl, ar y blaen a'r gêm bron ar ben, mae colli wedyn yn ystod y funud ola'n dwysáu'r siom. Ar y llaw arall, fe wyddai cefnogwyr 'Ie' iddyn nhw ennill ar y cyfle ola. Bydde colli'r tro hwn wedi bod yn ergyd drom, os nad yn un farwol.

Pan ddychweles i'r Llwyn Iorwg roedd hi tua hanner awr wedi pump. Roedd y lle'n hollol wag a thawel. Ond nid dyna ddiwedd y saga. Fe wnes i godi tuag wyth i gael brecwast. A dyma dderbyn galwad ffôn. Ac mae hyn hefyd yn rhywbeth na wna i fyth ei anghofio. Roedd yr alwad yn gofyn i fi fynd erbyn tuag un ar ddeg i Bencarreg i gofnodi ymateb Gwynfor Evans. Ac mae'r tâp hanesyddol hwnnw gen i o hyd. Rwyf hefyd wedi cyflwyno copi i'r Llyfrgell Genedlaethol.

Roedd Gwynfor mewn gwendid ar y pryd. Ac rwy'n cofio'n dda cael mynd i mewn ato a'i holi am ddigwyddiadau'r noson cynt. Aeth ton o falchder drosof pan ddywedodd iddo 'nghlywed i'n gollwng y gath allan o'r cwd. A theimlai Gwynfor yn hynod hapus fod y cyfrwng Cymraeg wedi achub y blaen ar y cyfryngau Saesneg. Fe fues i wrthi'n ei holi am tua hanner awr, a honno'n hanner awr emosiynol, a dweud y lleia.

Y cwestiwn cynta wnes i ei ofyn iddo oedd beth oedd ei deimladau erbyn hynny. Ei ateb oedd,

'Rwyf wrth fy modd gyda'r canlyniad terfynol, ar ôl oriau o fod yn ddigalon. Fe fues i ar fy nhraed tan gwarter i bump, ac mae'r ffôn wedi bod yn canu byth ers hynny. Ond rwy'n falch hefyd i ni gael awgrym, drwy raglen Gymraeg, fod yna fuddugoliaeth fawr wedi bod yng Nghaerfyrddin. Roedd hynny'n golygu ein bod ni wedi cael deall o flaen y rhaglenni Saesneg am fuddugoliaeth y symudiad "Ie".'

Ond beth roedd e'n ei olygu i Gwynfor mai sir Gaerfyrddin wnaeth droi'r 'Na' yn 'Ie'?

'Wel,' meddai, 'roedd hyn yn rhyfeddol. Mae Caerfyrddin wedi chwarae rhan ganolog yn y mudiad dros hunanreolaeth. Ond mae'n rhaid i ni gofio bod eraill wedi chwarae rhan bwysig iawn hefyd. Er enghraifft, fydden ni ddim wedi ennill oni bai am y deng mil ym Mynwy, lle trechwyd y mudiad yn drwm, wrth gwrs. Ond roedd yno ddeng mil a safodd dros Gymru. Ac mae'n rhaid i ni ddangos ein diolchgarwch iddyn nhw. A phobol Blaenau Gwent a Chasnewydd. Roedd y cyfan yna yn hanfodol yn y fuddugoliaeth.'

Roedd Gwynfor am bwysleisio'r ffaith fod canlyniadau ardaloedd Seisnigedig fel sir Fynwy ac eraill wedi cyfrannu llawn cymaint â Chaerfyrddin i'r fuddugoliaeth.

Ond beth oedd hyn oll yn ei olygu i Gwynfor yn bersonol – fod gan Gymru, ar ôl yr holl frwydro, bellach Gynulliad? Fel hyn y gwnaeth e ateb:

Mae'r fuddugoliaeth hon yn golygu y bydd yna sefydliad cenedlaethol gyda ni wedi ei ethol gan bobol Cymru am y tro cynta yn ein hanes ni, symudiad gwleidyddol a fydd yn rhoi Cymru yn rhan o'r rheolaeth dros ei phethe 'i hunan, beth bynnag. Ac mae hynny'n siŵr o roi mwy o hyder i bobol Cymru, fel y gallwn ni godi Cymru o'r pydew ac y gallwn ni chwarae rhan yn Ewrop, er enghraifft – ym Mrwsel – a chwarae rhan felly yn y bywyd cydwladol, yn ogystal ag yn ein bywyd cenedlaethol.

Ac oedd, meddai, roedd e'n berson hapus iawn. Nid ef oedd yr unig un. Yn ddiddorol iawn, y dyn camera yng Nghaerfyrddin oedd Guto Orwig, ac rwy'n cofio sylwi wrth wneud y cyfweliad hwnnw gyda Dewi Llwyd ar ddeigryn yn treiglo i lawr ei foch.

'Nôl â fi am Aberystwyth a meddwl 'mod i nawr wedi gorffen am y dydd. Ond dyma dderbyn galwad ffôn oddi wrth Glyn Thomas, cynhyrchydd *Post Prynhawn*. Ef oedd y cynhyrchydd cynta i sylweddoli arwyddocâd y foment fawr pan ddefnyddies i'r gair 'Ydwyf'. Gofynnodd i mi fynd ar raglen *Post Prynhawn* i sôn am fy mhrofiadau yn ystod y bore hanesyddol hwnnw.

Dim ond wedyn y gwnes i fy hun sylweddoli arwyddocâd y foment fawr, sylweddoli faint y gwnaeth e 'i olygu i gynifer o bobol. Roedd rhai yn fy llongyfarch ar y stryd yn union fel petawn i wedi bod yn gyfrifol am ennill Cynulliad i Gymru, eraill yn fy nghuro ar fy nghefn, ac ambell un yn fy nghofleidio hyd yn oed. Rown i'n teimlo fel capten rhyw dîm buddugol wedi dod â'r cwpan 'nôl yn fy nwylo.

Pennaeth Newyddion Radio Cymru ar y pryd oedd Aled Eurig, ac fel roedd yn ddyletswydd arno, cefais air o gerydd am ollwng y gath allan o'r cwd. Ond y funud nesa cefais fy nghofleidio a diolchodd i fi am y ffordd y gwnes i ddelio â'r sefyllfa.

Fe gymerodd hi tua thridiau cyn i mi lyncu'r cyfan. Ar un olwg doedd hi'n ddim byd mwy na noson arall o waith – noson hir, noson brysur a noson flinedig. Ond na, roedd hi'n llawer mwy na hynny. Does gen i ddim cof i mi ddefnyddio'r gair 'Ydwyf' yn gyhoeddus byth wedyn. Na 'Gwnaf' chwaith o ran hynny. A chan nad ydw i'n debygol o ail-fyw noson fel y noson honno yng Nghaerfyrddin, nac ailbriodi, wna i ddim defnyddio'r naill na'r llall byth eto!

Pennod 1

FE WNES I GYRRAEDD y byd hwn gyda'r eira. Fe chwythwyd fi i fodolaeth ar wyntoedd cryfion lluwchfeydd mawr 1947, a hynny ar y 5ed o Fawrth y flwyddyn honno. Un o blant diwedd y Rhyfel oeddwn i, hynny yw, un o blant y 'baby boom'. Roedd fy nhad wedi treulio pum mlynedd yn y fyddin. Felly, fe fedrech chi ddweud i fi gael fy ngeni wedi diwedd un storm fawr ac ar ddechrau storm fawr arall.

Y wraig a gynorthwyodd i ddod â fi i'r byd oedd y fenyw drws nesa ond dau, Esther Jones. Fe fethodd hi ddod i mewn i'r tŷ drwy'r drws oherwydd y lluwchfeydd, gan fod y drws, yn ogystal â ffenestri'r llawr, wedi'i guddio gan eira. Fe fu'n rhaid i Esther ddringo i mewn drwy ffenest llofft Strata House – tŷ teras yng nghanol y pentref. Mae'n rhaid fod y digwyddiad wedi glynu ym meddwl pobol. Hyd y dydd heddiw mae Blod Griffiths, a fu'n gweithio am flynyddoedd fel morwyn yn siop Richard Rees, ddau ddrws i ffwrdd, yn fy ngalw'n John Lluwch.

Yn ôl yr hanes roedd eira wedi llenwi'r atig ac wedi dechrau dadleth. I arbed y nenfwd rhag disgyn roedd fy nhad wedi torri twll uwchben y grisiau gan adael i'r dŵr redeg i mewn i badell sinc. Roedd yno gymaint o eira'n dadleth fel y bu'n rhaid i Nhad wacáu'r badell yn rheolaidd.

Roedd Esther yn un o'r rheiny oedd yn cario'r post yn yr ardal. Mae'n debyg mai wedi cinio y cyrhaeddais i, a gellid dweud bod Esther wedi fy nosbarthu gyda'r *Post Prynhawn*. Rown i'n rhy hwyr i'r *Post Cyntaf*, ac ychydig yn rhy hwyr i *Taro'r Post* hefyd. Ond dwi'n siŵr fod stamp dosbarth cynta arna i. Dros y blynyddoedd, wnaeth Esther erioed anghofio fy atgoffa i mai hi oedd y fydwraig ac mai hi wnaeth greu fy motwm bola. Felly mae'n debyg mai fi yw'r unig fabi mewn hanes i gyrraedd drwy gymorth y Post Brenhinol.

Un effaith a gafodd fy ngenedigaeth ar Mam, a hithau wedi'i chaethiwo i'w llofft dros gyfnod yr esgor, oedd iddi o hynny ymlaen ddiodde'n ddrwg o glawstroffobia. Fyddai hi byth wedyn yn hapus mewn man cyfyngedig. Pan fydde hi'n mynd i'r capel, er enghraifft, fe fydde hi'n gofalu eistedd yn agos at y drws. Mae Dai, fy mrawd, sydd chwe blynedd yn hŷn na fi, yn mynnu bod Mrs Evans, Wellington House, hefyd yn bresennol adeg fy ngeni. Wn i ddim am hynny, ond mae ei honiad yn gwneud synnwyr gan mai nyrs oedd hi. Ond doedd gan Esther ddim amheuon. Hi oedd y fydwraig. A dyna 'Amen' ar y digwyddiad.

Er fy mod i'n cael fy adnabod fel John, hwnnw yw'r enw ola sydd arna i. Fy enw i'n llawn yw Ronald William John. Daw'r enw canol, wrth gwrs, oddi wrth fy nhad, a William hefyd oedd enw fy hen dad-cu. Fe ddaeth y Ronald oddi wrth frawd Mam, a fu farw'n ifanc. Daw'r John o enw ewythr i Nhad o'r Bont, gŵr oedd yn byw yn y Ffatri. Roedd

Johno Ffatri, fel y câi ei adnabod, yn frawd i Mam-gu. Ar ochr Nhad roedd Tad-cu'n dod o Bant-y-gaseg, Ffair-rhos, a Mam-gu oedd Averinah Davies o Gwmystwyth. Dod i lawr i'r Bont i redeg y ffatri wlân wnaeth teulu Mam-gu. Roedd gan Tad-cu frawd o'r enw Morgan, ond fe aeth hwnnw i lawr i'r Sowth i chwilio am waith ac fe gollwyd cysylltiad ag ef. Mae hynny'n rhannol gyfrifol am y ffaith mai cymharol ychydig o'r Merediths sydd ar ôl.

O Gwmdeuddwr yr hanai'r Merediths. O'r fan honno y daeth William, fy hen dad-cu, i weithio i'r gwaith mwyn. Mae'r gwreiddiau, felly, ar un ochr yn dod o sir Faesyfed. Ychydig iawn a wn i am deulu Mam. Roedd hi'n hanu o'r Fan, ger Llanidloes, a'i chyfenw cyn iddi briodi oedd Higgs. Cawsai ei bedyddio yn Mary Annie ond fel Nancy y câi ei hadnabod. Roedd ei thad, Thomas Higgs yn siarad Cymraeg, ond doedd gan Mam-gu, sef mam fy mam, ddim Cymraeg. Wnes i erioed gyfarfod â'r un tad-cu o'r naill ochr na'r llall. Roedd Tad-cu Llanidloes wedi marw cyn i fi gael fy ngeni a bu farw Tad-cu Bont pan oeddwn yn flwydd oed.

Cwrdd yn Llunden wnaeth fy rhieni. Fe fu Nhad yn gweithio ar rownd laeth ac roedd Mam wedi mynd yno i weithio fel morwyn gyda rhyw deulu o fyddigions – cofiaf Mam yn sôn yn amal am Lady Walters. Fe wnaethon nhw gyfarfod a phriodi cyn i Nhad fynd i'r Rhyfel.

Fe ymunodd Nhad â'r Wythfed Fyddin, sef byddin Montgomery, wrth gwrs. Roedd e'n aelod o'r criw 'ack-ack', sef y criw oedd yn gyfrifol am danio at awyrennau'r gelyn wrth iddyn nhw ymosod. Fel unrhyw un a fu ynghanol y Rhyfel, ychydig iawn fydde Nhad yn siarad am y peth. Ond fe wnaeth e ddweud unwaith mai'r agosa iddo ddod at gael ei ladd oedd pan ddisgynnodd un o daflegrau gwag ei griw ei hun yn agos iawn ato.

Tra oedd Nhad yn y Rhyfel fe fu Mam yn byw gyda'i rhieni yng nghyfraith yn y Bont. Cafodd Dai fy mrawd ei eni yn Ysbyty Llanidloes ar ddechrau'r Rhyfel. Doedd gan Mam ddim Cymraeg pan gyrhaeddodd yno, ond o fewn fawr o dro roedd hi'n dysgu. Doedd ganddi ddim dewis. Doedd neb, bron, yn y pentre bryd hynny yn siarad Saesneg. Bydde hi'n dal i gamdreiglo gydol ei bywyd. Ond fe ddysgodd Gymraeg heb iddi gael yr un wers erioed. Ac mae'n debyg fod ei thad yn falch iawn fod o leia un o'r plant wedi dysgu Cymraeg. Ar ôl dod adref o'r Rhyfel aeth Nhad i weithio i'r Bwrdd Marchnata Llaeth ym Mhont Llanio ac yno y bu nes iddo ymddeol. Yn Strata House, cartref fy nhad-cu a'm mam-gu roedd y teulu yn byw am ychydig. Yna, prynodd fy rhieni y tŷ drws nesaf, sef Dyffryn Tawel, ac yno y ces innau fy magu tan i fi briodi yn 1970.

Fe ddaeth yn amser i fi fynd i'r ysgol, a'r daith gerdded yno'n rhyw hanner milltir. Dydw i ddim yn cofio fy niwrnod cynta, ond rwy'n cofio bod yn nosbarth y babanod, sef dosbarth Miss Jones Ty'n Fron. Fe fedra i weld y darlun hwnnw o flaen fy llygaid nawr. Ac adrodd y tablau – neu'n hytrach eu siantio. Maen nhw fel litanïau yn fy nghlustiau o hyd. Roedd yna ryddhad o gyrraedd tabl deg: un deg-deg, dau ddeg-dau ddeg...

Ond pan own i'n chwech oed fe effeithiodd rhywbeth arna i'n fwy na dim byd arall. Roedd gan Dai a finne gefnder, sef Gwyn. Yn Llunden oedd ei gartre, ond fe fydde'n dod lawr i'r Bont yn amal. A phan own i'n ddim ond yn chwech oed, ac ynte'n naw, fe fu farw. Rwy'n cofio'n glir nawr ei weld e yn ei arch, a phlant eraill y pentre'n cael dod i mewn i'r tŷ i'w weld e. Rwy'n cofio'r blodau o amgylch yr arch. Rwy'n cofio'r angladd yn gwbwl glir. Galla i weld fy rhosyn yn disgyn o'n llaw i ar ei arch mor glir heddiw â'r diwrnod trist hwnnw dros hanner canrif yn ôl. Fe wnaeth y digwyddiad effeithio arna i lawer mwy nag a feddyliais ar y pryd.

Mab i fodryb, chwaer Nhad, oedd Gwyn ond fe gafodd ei fabwysiadu gan fodryb arall. Os ydw i'n cofio'n iawn, plentyn siawns a anwyd i Anti Olwen oedd e, a chlywes i rywbryd fod ei dad yn beilot yn awyrlu America ond dwi ddim yn siŵr oes sail i'r stori neu beidio. Roedd salwch arno a gâi ei adnabod fel 'St Vitus dance'; bydde fe'n diodde o ryw fath o ffitiau pan fydde fe'n colli rheolaeth ac fe fydde'n gwaethygu wrth iddo dyfu'n hynach. Rwy'n cofio mynd lawr ag e gyda Modryb Sal a'i gŵr i weld doctor yn Llanybydder, Doctor Toonne, i dderbyn triniaeth. Ond fe gafodd niwmonia a bu farw yn 1953.

Yn dilyn marwolaeth Gwyn fe ddaliais i dwymyn y chwarennau. Wn i ddim ai marwolaeth Gwyn fu'n gyfrifol am ei achosi, ond fe golles i lawer iawn o ysgol o'i herwydd. Rown i'n ffaelu'n lân â chael gwared ar yr aflwydd. Roedd e'n hen salwch oedd yn fy nghael i lawr. Roedd chwarenne'r gwddw'n chwyddo fel darne o siwgwr lwmp. Rown i'n methu â throi 'mhen a bydde syched mawr arna i drwy'r amser. Fe barhaodd o'r cyfnod pan own i'n chwech oed tan 'mod i'n naw oed.

O golli Gwyn fe gymerodd Anti Sal ata i. Fe fydde hi'n mynd â fi i fyny i Lunden yn amal. Rown i'n rhyw fath o gysur iddi ac yn llenwi rhan o'r bwlch a adawodd Gwyn yn y cartre yn Bermondsey Street ar gyrion y Dociau. Pan own i'n hŷn fe fyddwn i'n helpu Wncwl Dai, gŵr Anti Sal, ar ei rownd laeth. Fe fyddwn wrth fy modd yn mynd i Lunden, fel y cewch weld yn nes ymlaen.

Yn y Bont roedd gen i ffrindie o'r un oedran yn byw gerllaw: Gareth Hughes neu Gac, er enghraifft, tafarnwr y Mochyn Du yng Nghaerdydd erbyn hyn, ac Alun Tŷ Capel, neu Nor. Roedd gan bron bawb lysenw yn y Bont yr adeg honno. Gyda llaw, Zac oedd fy llysenw i.

Rai tai i fyny'r ffordd roedd Wil Lloyd yn byw, er ei fod e ddeunaw mis yn hŷn na fi, gyda'r nos fe fyddwn i'n treulio llawer o'n amser yn chwarae pêl-droed gyda Wil a ffrindie eraill, pawb am fod yn John Charles. Felly, gyda nhw yn hytrach na gyda Dai fy mrawd y byddwn i'n treulio'r rhan fwya o fy amser. Roedd Dai, gan ei fod e chwe blynedd yn hŷn na fi, yn perthyn i genhedlaeth arall, bron iawn.

Down i ddim yn rhyw hoff iawn o'r ysgol. Rown i'n mwynhau'r chwarae a'r cymdeithasu, ond nid y gwersi. Roedd pêl-droed a chriced yn bwysicach o lawer iawn. Ac yn ysgol y Bont bryd hynny roedd iard y bechgyn a iard y merched ar wahân. A rhywbeth arall diddorol wnes i ei ddysgu wedyn yw ystyr y geiriau 'lle chwech'. Mae e'n air cyffredin yn y gogledd am dŷ bach. Mae e'n deillio, medden nhw, o ddyddie'r chwareli pan oedd yna chwe thoiled, sef tri gefn wrth gefn i'w gilydd. Ac felly roedd pethe yn ysgol y Bont: chwe thŷ bach – tri i'r bechgyn a thri i'r merched – a'r rheiny'n sefyll gefn wrth gefn. I bob pwrpas, seddi pren gyda thyllau ynddyn nhw oedd yno. Dim byd modern fel fflysh, wrth gwrs.

Prifathro'r ysgol oedd John Gruffydd Williams. Dyn tal oedd e, a'i wallt wedi troi'n arian. Roedd e wedi bod yn brifathro ers blynydde lawer ac fe fydde'n ymddeol cyn i mi symud ymlaen i'r ysgol fawr. Bydde fe'n ddigon llym ei ddisgyblaeth er na fydde'n defnyddio'r gansen. Rhyw binsio cnawd top y fraich a wnâi e, neu weithie roi twist bach sydyn i'r glust.

Roedd yna arferiad gan y merched yn y dosbarth ucha i gadw llyfr llofnodion. Fe fydden nhw'n pasio'r llyfr o gwmpas i'w ffrindie ysgrifennu ynddo. Fel arfer fe fydde'r ffrindie hynny'n ysgrifennu rhyw rigwm bach addas, a hwnnw yn Saesneg fel arfer. Un rhigwm bach poblogaidd fydde:

Roses are red,
Violets are blue;
Sugar is sweet,
And so are you.

John Meredith

Un arall oedd:

> When the golden sun is setting,
> When the earth is no more trod;
> May your name in gold be written
> In the autograph of God.

Un diwrnod fe ddaeth un o'r merched â'i llyfr llofnodion a gofyn i fi ysgrifennu ynddo. O ran diawlineb fe wnes i ysgrifennu, heb lawn ystyried y canlyniadau posib:

> Old Mary Ann
> Didn't care a damn,
> Picked up the poker
> And peed like a man.

Yn ddiweddarach, fe wnaeth y ferch ddangos ei llyfr llofnodion i'w ffrindie yn y dosbarth a dyma'r prifathro'n ei weld. Fe gydiodd yn y llyfr a dechrau'i fyseddu. Wrth droi o dudalen i dudalen roedd e'n cymeradwyo'r rhigymau. 'Da iawn! Da iawn!' Ond fe wyddwn i beth oedd i ddod. Dyma fe'n oedi'n hir uwch un tudalen. Ac yna dyma fe'n fy ngalw i allan i ganol y llawr. Fe ges i bregeth, ddim yn unig oherwydd natur y rhigwm ond am i fi hefyd sillafu ambell air yn anghywir. Wedyn, fe ges i binsiad bach cas ar dop fy mraich a 'ngyrru i sefyll yn y gornel am hanner awr.

Fe fyddwn i wrth fy modd yn cael mynd allan

gyda'r nos weithie yng nghysgod Nhad. Rhai o'r manne lle byddwn i'n mynd yn ei gysgod oedd gweithdy Dai Cobler, neu Dai Jones Rhyd-teifi. Yno y byddwn i noson ar ôl noson yn gwrando ar y sgwrsio; gwleidyddiaeth, pysgota, hela – câi pob pwnc dan haul ei wyntyllu. Roedd hyn cyn dyfodiad y teledu, wrth gwrs, ac fe gawn i ryddid i eistedd yno yng nghanol yr oedolion – ar yr amod 'mod i'n cadw'n dawel. Profiad amhrisiadwy a phrofiad nad yw pobol ifainc yn ei gael erbyn heddiw.

Un o aelodau'r seiat nosweithiol oedd y ciper lleol, Rod Williams. Mae un o'i straeon yn dal ar fy nghof. Fe welodd Rod ddau ddyn yn pysgota ar ddôl Cefngaer. Lawr ag e, medde fe i'w holi. Pan welson nhw Rod, fe ddechreuodd un ohonyn nhw redeg. Ac fe redodd Rod ar ei ôl. O'r diwedd, ar ôl rhedeg drwy ddau gae, fe stopiodd y dyn. Fe ofynnodd Rod iddo ddangos ei drwydded a'i bermit. Ac fe wnaeth y dyn hynny. Gofynnodd Rod iddo pam y gwnaeth e ddianc. Esboniad y dyn oedd ei fod e am ddal y bws. Fe drodd Rod yn ôl i holi'r ail bysgotwr ond erbyn hynny roedd hwnnw wedi diflannu. A dyma Rod yn sylweddoli mai unig reswm y pysgotwr cynta dros ddianc oedd er mwyn rhoi cyfle i'w gyfaill, a oedd heb drwydded, ffoi.

Yn ogystal â thrwsio a gwerthu sgidie, Dai oedd y torrwr gwallt hefyd. Dim ond un steil fydde gan Dai – torri'r gwallt i'r gwraidd. Cefais y criw-cyt cynta yn y pentre, cyn iddo ddod yn ffasiynol, a hynny'n benna am 'mod i'n mynnu troi cudyn o 'ngwallt efo 'mys.

Hyd yn oed heddiw fe fedra i wynto'r arogl lledr.

Ac fe fedra i weld Dai nawr yn tapo'r sgidie ac yna yn llyfnu'r gwadne ar hen beiriant tebyg i olwyn hogi cyllyll. Yn amal bydde sgyrsie'r gweithdy y tu hwnt i'm dirnad i ond credaf i mi elwa o'r profiad. Bydde yno lawer o dynnu coes. Ond fe gâi gwleidyddiaeth hefyd ran bwysig yn y trafod, yn enwedig pan fydde etholiad ar ddod.

Unwaith eto teimlaf 'mod i ymhlith y genhedlaeth olaf i brofi berw etholiadol. Bryd hynny roedd yr hystings yn dal yn boblogaidd, gyda Neuadd yr Eglwys yn orlawn pan ddeuai rhywun fel y Capten Roderic Bowen, ein Haelod Seneddol, i annerch. Bydde Llafurwyr fel John Jenkins, Bryntirion, ac Evan James Williams, Terrace Road, yn hyrddio cwestiynau at Roderic, a hwnnw'n amal yn gwylltio.

A minne'n dal yn llanc, cofiaf y llawenydd pan daflwyd Roderic Bowen allan gan Elystan Morgan yn 1966, yr etholiad cynta i fi gael pleidlais ynddo. I lancie fel ni roedd ei fuddugoliaeth yr un mor arwyddocaol ag un John F Kennedy yn America. Nid dim ond oherwydd gwleidyddiaeth plaid. Edrychen ni arni fel buddugoliaeth i obaith ieuenctid dros yr hen drefn.

Bydde hyd yn oed fwy o frwdfrydedd pan ddeuai etholiade lleol ar eu tro. Nid gwleidyddiaeth fydde wrth wraidd y rheiny ond gwreiddie teuluol a chymdogaeth. Cofiaf etholiadau'n ymwneud â Will Lloyd y Garej, Owen Davies, Dan Arch a John Jones, Pantyfedwen. Yn ystod y cyfrif bydde dwsenni'n crynhoi ar iard yr ysgol i ddisgwyl y canlyniad.

Bydde rhai'n cyrraedd wedi stop tap, ac er y bydde'n hwyr cyn cael y canlyniad, bydde'r tymheredd yn amal iawn yn codi.

Ond y digwyddiad mwya yn ystod dyddiau'r ysgol gynradd oedd stori Jimi'r Mwnci. Mae honno'n dal yn rhan o chwedloniaeth y fro. Ond dyma'r fersiwn gywir. Fe ddylwn i fod yn gwybod gan 'mod i yng nghanol yr helynt.

Dai Rogers oedd piau'r mwnci. Bydde'r hen greadur yn treulio'i ddyddie wrth gadwyn yn eistedd ar do'r sied sinc yng ngardd Dai. A dyna lle bydden ni, blant yr ysgol, yn taflu losin iddo, ac yntau'n eu bwyta. Un diwrnod yn y dosbarth fe glywson ni gnoc ar ddrws yr ysgol ac fe gerddodd Tom Davies y plismon i mewn. Ei neges e oedd fod Jimi wedi dianc ac y dylen ni, blant, fynd adre ar hyd y ffordd fawr yn hytrach na defnyddio'r llwybr cefn. Wrth gwrs, o glywed y rhybudd dyma ni'n penderfynu dilyn y llwybr, rhywbeth na fydden ni'n ei wneud fel arfer. Ond y diwrnod hwnnw roedd yna gyfle i fynd ar saffari, on'd oedd?

Wrth lwc, welson ni mo Jimi ac fe es i adre i gael te. Allan â fi wedyn gan ymuno â chriw o blant i fyny ger y stad tai cyngor, lle roedd y chwilio am Jimi'n parhau y tu ôl i'r gerddi. Yna dyma rywun yn gweiddi, 'Rhedwch!' A bant â ni nerth ein traed. Cyrhaeddes y tŷ olaf ond un yn y rhes, a'r mwnci erbyn hyn wrth fy sodle. Fe redes i mewn drwy lidiart yr ardd. Wrth droi, gweles Jimi yn neidio dros 'y nghoes. O 'mlaen roedd Gareth Hughes ond methodd Gareth â chael lloches gardd ac fe redodd i'r lôn islaw. Neidiodd Jimi o ben grisiau'r lôn gan ddisgyn ar goes Gareth a'i frathu. Bu'n rhaid i Gareth gael un ar bymtheg o bwythau yn ei goes. Y canlyniad fu i'r perchennog a'r plismon orfod saethu'r mwnci.

Ond fe gyfaddefodd Gareth iddo ef ac un neu ddau arall daflu cerrig at y mwnci. Felly talu'r pwyth – neu'r pwythau – yn ôl wnaeth yr hen Jimi druan. Bu'n rhaid i Gareth dreulio deng niwrnod yn yr ysbyty o ganlyniad i'r clwyf. Claddwyd Jimi yn siafft Cwm Mawr, un o hen siafftie gwaith mwyn yr ardal.

Dridie ar ôl yr angladd roedd plismon y pentre'n siarad ag un o'r trigolion ac yn datgan ei siom nad oedd wedi'i weld yn yr angladd. Ateb bachog y gŵr oedd ei fod wedi clywed bod yr angladd yn hollol breifat ac mai dim ond nhw, y teulu agosa, oedd i'w fynychu.

Rown i'n aelod o'r genhedlaeth olaf o blant a gafodd fyw mewn pentre cwbl hunangynhaliol. Roedd yn y Bont bryd hynny saith siop, dau weithdy crydd, dau weithdy saer, un efail y gof, plismon, dau weinidog a ficer. Ac roedd e'n bentre hollol Gymraeg, a'r Saesneg yn gwbl ddieithr i ni. Doedd yr iaith fain ddim yn bodoli y tu allan i wersi Saesneg yn yr ysgol. Rwy'n cofio J G Williams, y prifathro, un diwrnod yn esbonio'r arfer o enwi pobol yn ôl eu crefftau neu eu swyddi. Dyma fe'n enwi pobol fel 'coalman' a 'milkman', cyn mynd ymlaen i sôn am eithriade. Ac fe ofynnodd i ni beth oedd gwaith 'carpenter'. Ateb un o'r merched oedd, 'Dyn gwerthu carpedi, syr.' Dyna fesur ein dealltwriaeth o'r iaith fain ar ddiwedd y 1950au. Rwy'n cofio hefyd un o blant y Pwyliaid yn Ffair-rhos yn dod i'r ysgol ac ond yn medru siarad ei famiaith. O fewn dim o dro daeth Zbigniew Olewicz yn rhugl yn y Gymraeg hefyd ond doedd dim sôn am y Saesneg.

Fe fydde Dydd Calan yn ddiwrnod mawr i ni'r plant. Fe fyddwn i'n mynd o gwmpas i ddymuno Blwyddyn Newydd Dda gyda bag bychan ar gortyn o gwmpas 'y ngwddf. Ond yn gynta fe fyddwn i'n mynd i fyny at Bodo Ffatri, chwaer yng nghyfraith Mam-gu. Fi oedd hi am ei weld gynta gan fod gen i wallt tywyll ac roedd yna gred fod gweld bachgen â gwallt tywyll gynta ar fore Calan yn lwcus. Fe fydde hi'n rhoi chweugen i fi bob tro, arian mawr bryd hynny.

Roedd yr hen draddodiade'n dal yn fyw yn y dyddie hynny – dal rhaff, neu gwynten ar draws y ffordd adeg priodas; blaco wedyn ar noswyl Calan Gaeaf, hynny yw, duo'n hwynebau a mynd o gwmpas y tai'n cario lantarn wedi'i cherfio o feipen. Yn ystod 'y mhlentyndod roedd chwe digwyddiad o bwys yn y flwyddyn: Nadolig a dydd Calan, wrth gwrs; yna diwrnod pen-blwydd, trip yr ysgol Sul, blaco, noson Guto Ffowc a Ffair Gŵyl y Grog ar 25 Medi.

Roedd yr ysgol Sul yng nghapel y Methodistiaid Rhydfendigaid yn bwysig iawn. Fy athrawes gynta oedd Miss Jones, Hafan, ac wedyn Mrs Davies, gwraig y gweinidog. Wedyn, fe wnes i ymuno â dosbarth Richard Rees, Florida – neu Wncwl Dic fel roeddwn yn ei alw, er nad oedd yna berthynas gwaed rhyngon ni o Adda. Un tro, a finne newydd ddod 'nôl o Lunden, fe es i â nifer o raglenni gême pêl-droed i'w dangos i ffrindie, rhaglenni gême Arsenal, os cofia i'n iawn. Fe gipiodd Wncwl Dic y rhaglenni oddi arna i. Wedyn fe wnes i ddeall mai mynd â nhw er mwyn iddo gael eu darllen wnaeth e. A do, fe'u ces nhw'n ôl pan alwes yn y siop ganol yr wythnos. Roedd Wncwl Dic yn hoff iawn o bêl-droed er mai criced oedd y gêm iddo fe.

Roedd gofyn i bawb ohonon ni ddweud adnod, wrth gwrs. Ac fe fydde fy nghyfaill agosa, Wil Lloyd, yn adrodd yr un adnod yn amlach na pheidio: 'Fel modrwy aur yn nhrwyn yr hwch yw menyw lân heb synnwyr.' Fe fydde'n mynd yn ddadl bob tro rhwng Wil a'r athro, yr athro'n mynnu nad oedd hi'n adnod a Wil yn dadle ei bod hi. Hyd heddiw, wn i ddim prun o'r ddau sy'n iawn. Ond mae fy arian i ar Wil.

Fe ddaeth hi'n amser wedyn i ni symud o'r festri i'r capel at athro'r plant uwch; John Ebenezer oedd hwnnw. Ac yna, fyny â ni at yr athro a gymerai ddosbarth yr ieuenctid – Tom Evans, Wellington House. Fe gâi Tom, am resymau amlwg, ei alw yn 'Duke'. Roedd mynd i ddosbarth Tom yn gam mawr ymlaen. Roedd e'n ddyn awdurdodol iawn nad oedd yn fodlon cymryd unrhyw ddwli – rheswm arall, efalle, am yr enw 'Duke'.

Digwyddiad pwysig arall fydde'r drafodaeth fawr ble i fynd ar y trip ysgol Sul. Doedd ond tri dewis gan y plant a'r bobol ifainc: Porthcawl, y Rhyl neu Ynys y Barri, tair tre glan y môr, ond, yn bwysicach byth, tair tre lle roedd yno ffair. Weithie fe fydde'r athrawon, er mwyn arbed arian, yn awgrymu mynd i Geinewydd. Ond na, fydde dim byd yn ein perswadio ni i fynd i unrhyw le heblaw'r tri mawr.

Fe fydde dau fws yn mynd â ni bob tro, a hyd yn

oed tri ambell waith. Wrth i ni ddringo i mewn i'r bws fe fydden ni, bob un, yn derbyn amlen yn cynnwys gwobr fach ariannol am ein bod ni'n mynychu'r ysgol Sul. Roedd gan y capel gronfa arbennig ar gyfer hynny. Fe fydde'r arian yn mynd i gyd ar y 'Big Dipper' neu'r 'Dodgems'. Bob amser, yn ddi-feth, roedd yn rhaid prynu het cowboi.

Rwy'n cofio'n dda am un trip, pan aeth crys y gweinidog ar dân. Roedd rhywun yn smygu yn y sedd y tu ôl i'r gyrrwr. Pan orffennodd ei ffag, fe daflodd y stwmpyn allan drwy'r ffenest. Yn anffodus, roedd y ffenest gyferbyn â'r gweinidog yn agored hefyd. Fe chwythwyd y stwmpyn yn ôl i mewn i'r bws ac fe ddisgynnodd o dan wasgod y gweinidog, druan, gan losgi twll yn ei grys gorau. Fe ellir dweud bod yna dipyn o dân yn ei bregeth y diwrnod hwnnw.

Ar noson blaco, sef noson Calan Gaeaf, fe fydden ni'n duo'n hwynebau ac yn crwydro drwy'r pentre'n cnocio drysau a gofyn am geiniog neu ddwy. Nid y 'trick or treat' Americanaidd a ddaeth wedyn oedd hynny. Roedd e'n beth cwbl Gymreig. Fe fydden ni'n duo neu flaco'n wynebau drwy'u rhwbio â chorcyn a oedd wedi'i osod yn fflam cannwyll neu yn huddyg y simne.

Ar gyfer noson Guto Ffowc fe fydden ni'n casglu hen deiers a bocsys a'u pentyrru'n un domen fawr ar dop y Glas – darn o dir ar gyrion y pentre ar y ffordd i Dregaron. Fe gâi'r goelcerth ei chynnau fel y bydde'n tywyllu, ac yna fe fydde'n bedlam am yr orie nesa wrth i ni grwydro'r pentre'n taflu tân gwyllt i bob man. Yn draddodiadol, fe fydde'n frwydr rhyngon ni a disgyblion Coleg Ystrad Meurig, lle bydde bechgyn ifainc yn astudio ar gyfer mynd yn offeiriaid.

Ar wahân i'r Nadolig a Dydd Calan, hwyrach mai Ffair Gŵyl y Grog ar 25 Medi oedd y noson fwya. Ar y Glas bydde stondine coconyts, rholio ceinioge, saethu a bingo, heb sôn am y swings a'r ceir bach, sef y 'Dodgems'. Ar noson y ffair fe fyddwn i'n cael tua chweugen i'w wario, a châi pob ceiniog, bron, ei gwario ar y 'Dodgems', neu'r Bympyrs, fel y bydden ni'n eu galw. Fe fydde yna ryw gred yn ein plith fod un car yn gyflymach na'r lleill, car rhif saith, hwyrach. Wrth gwrs, yr un cyflymdra oedd i bob car, ond fe fydde yna gystadleuaeth fawr i weld pwy allai neidio gynta i mewn i rif saith. Ac o sicrhau rhif saith, fyddwn i ddim yn gadael y car hwnnw wedyn nes bydde'r chweugen gyfan wedi'i gwario.

Er bod y ffeirie eraill yn llawer mwy, ffair Aberystwyth yn arbennig, Ffair y Bont oedd yr unig ffair i ni. Roedd hi'n ymddangos bryd hynny fel ffair anferth. Heddiw, wrth edrych ar y darn bychan o dir glas lle y'i cynhelid, mae'n anodd credu bod yno ddigon o le ar gyfer dwy neu dair stondin, heb sôn am y Bympyrs.

Er bod y ffair wedi hen ddod i ben, wna i byth anghofio'i dyddiad gan i Tegs a finne briodi ar 26 Medi, y diwrnod wedi'r ffair. Mae hyn yn beth ffodus iawn i fi gan na fydda i byth yn anghofio pen-blwydd ein priodas.

Fel mewn achosion eraill, ein cenhedlaeth ni o blant oedd yr ola i weld y ffair. Ni hefyd, mwy na thebyg, oedd yr ola i chwarae cowbois. Fe ddaeth y teledu i newid popeth. Cyn hynny, y pictiwrs unwaith yr wythnos yn hen Neuadd yr Eglwys, sydd wedi'i hen ddymchwel erbyn hyn, oedd yr unig sgrin i'n denu. Hyd yn oed yn y fan honno, fe fyddwn i'n treulio llawer o'r amser â'n llyged ynghau os bydde'r ffilm yn un drist, yn arbennig os oedd hi'n dangos plant mewn trafferth.

Yn y neuadd bob nos Iau bydde John Mills, Wil Hughes (y Ceidwadwr a'r dyn busnes enwog o Abertawe erbyn hyn) a Gwen, chwaer John, yn cynnal Hop, sef noson o ddawnsio i gyfeiliant John ar y piano. Roedd hwn yn gyfle i ferched a bechgyn ifanc ddod at ei gilydd. Ond prin y gwelid bachgen a merch yn dawnsio gyda'i gilydd. Merched fydde'n dawnsio a hynny gyda merched eraill, tra bydde'r bechgyn yn eistedd o gwmpas yr ymylon. I ni, blant, yr hwyl fwya fydde sglefrio o un pen i'r llawr i'r llall. Bydde John neu Wil yn tywallt rhyw bowdwr gwyn ar y llawr i'w wneud e'n llithrig. A bydden ni wrthi'n sglefrio tan ddiwedd yr Hop tua deg o'r gloch.

Roedd dramâu i'w gweld yn rheolaidd yn y neuadd hefyd, ac fe fedra i gofio un ddrama'n arbennig, melodrama gan W J Gruffydd, *Cyfrinach y Gors Goch*. Roedd angen golau corff mewn un olygfa, ac fe ddyfeisiwyd un yn llwyddiannus iawn gan Dai Rogers, perchennog Jimi'r Mwnci. Roedd gwn wedyn yn cael ei saethu ar y llwyfan, ac fe fedra i gofio Dai Cobler yn tynnu'r pelenni plwm allan o getrisen fel y gellid ei thanio'n ddiogel. Mae yna hanesyn am Dai Rogers yn cyfnewid y getrisen am un go iawn, a'r actor oedd yn saethu yn chwythu twll yn y to. Heddiw, bydde rheolau Iechyd a Diogelwch wedi cau'r neuadd a bydde Dai Rogers dan glo!

Bydde yna ryw berfformiad neu'i gilydd yn y neuadd bob penwythnos. Fy ffefrynne i oedd Al Roberts a Dorothy. Roedd Al yn gonsuriwr gwych ac fe fydde fe'n galw pobol i'r llwyfan i fod yn rhan o'i act. Unwaith, fe alwodd e fi ato, ac fe dynnodd e res o sosejys allan o 'nghlust i.

Digwyddiad arall a ddaeth yn boblogaidd yn y pumdege oedd ymweliad dyn o'r enw Mr Brooks ag iard y Llew Coch neu'r neuadd i werthu dodrefn ail-law. Bydde'r iard a'r hen stable dan eu sang, a phobol yn cario stolion, byrdde, clocie a phob math o gelfi adre ar eu cefne. Roedd yno fargeinion di-rif. Fe fydde Mam yn mynd yno'n rheolaidd unwaith y mis, ac fe brynodd lawer o gelfi yno dros y blynyddoedd.

I helpu i gadw'r blaidd o'r drws bydde Mam yn gwneud gwaith cymorth cartre i Dafydd a Marged Roberts yn Teifi Street ac i Cat Morgan oedd yn byw drws nesa. Rown i'n dal i fod yn nerfus ar ôl marwolaeth Gwyn fy nghefnder ac fe fydde arna i ofn bod yn y tŷ ar 'y mhen fy hunan. Felly fe awn i fyny at Dic ac Annie i Dalwrn-bont. Roedd Jên Talwrn-bont yn yr un dosbarth â fi yn yr ysgol, a bydde Talwrn-bont fel ail gartref i fi.

Fe fyddwn i'n treulio llawer o amser yn siop a stordy Siop Florida, sef siop Wncwl Dic ac Anti Mary. Pan fydde mab y siop, Tom Lloyd Rees, yn mynd â llwythi o fwydydd anifeiliaid o gwmpas y ffermydd fe fydde hi'n ras i weld pwy fydde'r cynta i gael eistedd wrth ei ymyl yn y fan. Pwy bynnag fydde yn y sedd flaen gyda Tom fydde'n cael y gwaith o agor

37

a chau llidiarde ar hyd y lonydd. Yn y gaea fe fydde'n amal yn dywyll, a Tom wedyn yn ein brawychu ni â hanesion am ysbrydion, golau corff a thoili. Ac os bydde angen agor llidiart yn y tywyllwch ar dop Rhos Marchnant neu fan anghysbell arall fe fydde'n gyrru i ffwrdd am tua chanllath. Finne wedyn yn rhedeg nerth 'y nhraed ar ei ôl a 'nghalon i'n curo.

Ond ofn neu beidio, fe fyddwn i'n dal i fynd gyda Tom yn y fan ar bob cyfle posib. Heddiw, o dan reole Iechyd a Diogelwch fydde hynny ddim yn bosib. Roedd yr holl beth yn hwyl diniwed, wrth gwrs, a ninne'n mwynhau ein hunain. Ac fe fydde Tom wrth ei fodd yng nghwmni plant.

Un tro fe fu Nhad yn ddigon ffôl i 'ngadael i yrru ei gar e allan o'r garej. Fe sylweddolodd Nhad 'mod i'n rhy agos i'r wal ac fe waeddodd, 'Stop!' Do, fe wasges i'r sbardun yn lle'r brêc. Fe neidiodd y car yn ôl, rhwygwyd y drws i ffwrdd, ac yn Nant y Cŵn gerllaw y stopiodd y car.

Gan fod Tom yn cadw'i fan gyferbyn â'r garej lle cadwai Nhad ei gar, fe fyddwn i'n achub y blaen ar weddill y plant. Felly, er gwaetha'r hanesion erchyll a adroddai, fe fyddwn i'n teithio'n amal gyda Tom, fyny i dopie Ffair-rhos, lawr i Stesion Strata i godi'r blawd a fydde'n dod gyda'r trên, ac yna'i ddosbarthu i bob cwr o'r fro. Pan fu farw Tom Lloyd beth amser yn ôl fe aeth â thalp mawr o'r Bont rown i'n ei nabod gydag e. Fe oedd un o'r dolenni olaf yn y gadwyn a fedrai fy arwain yn ôl at Bont fy mhlentyndod. Un o'r digwyddiade mwya cyffrous yn y pentre pan own i'n grwt oedd adeiladu'r Ganolfan Gymdeithasol.

Diolch i haelioni Syr David James, ychwanegwyd y neuadd a'r Pafiliwn Mawr, ac fe gafwyd cae chwarae newydd. Yn rhan o'r Ganolfan roedd stafell snwcer a biliards, a bydde'r trigolion yn heidio yno. Roedd yna ambell i reol ddigon gwirion ynglŷn â'r stafell snwcer. Chaen ni, blant, er enghraifft, ddim edrych i mewn drwy'r ffenest. Rwy'n cofio'r plismon yn dal Gareth wrth i hwnnw feiddio edrych i mewn drwy ffenest y stafell snwcer ac yn rhoi clipsen iddo am wneud hynny. Down i ddim yn deall rhai o'r rheole pitw hyn.

Yn 1958 aeth criw ohonon ni am bythefnos i Wersyll Llangrannog ac fe fedra i gofio Alun Tŷ Capel yn cael uffach o bregeth am wisgo fest tan ei grys nos – un enghraifft arall o reolau pitw. Roedden ni'n cysgu fesul pedwar mewn cytie pren ac roedd hi'n oer yno. Adeg penwythnos canol y gwylie fe ddaeth y teulu, yn cynnwys Mam-gu, lawr i 'ngweld i. Fe ddaeth rhieni rhyw grwt o Aberystwyth lawr hefyd a thorri'r newydd iddo fod y gath wedi cael cathod bach. A dyma hwnnw'n crio ac yn crio ac yn mynnu cael mynd adre i weld y cathod bach.

Peth arall wnaeth i fi deimlo'n reit chwithig oedd ymateb y prifathro i broblem oedd gen i wrth lefaru. Rown i'n ei chael hi'n anodd ynganu'r 'th'. Yn hytrach na 'Meredith', er enghraifft, fe fyddwn i'n dweud 'Merediff'. Ymateb Williams y Sgwlyn oedd 'y nghadw i ar ôl yn yr ysgol fel cosb. Ond ar y cyfan roedd bywyd yn hapus. Rwy'n teimlo mai 'nghenhedlaeth i oedd yr ola cyn y newid cymdeithasol mawr. Am genedlaethe roedd yr ardal wedi bod yn ddigyfnewid. Roedd bywyd a byw yn bethe syml ac roedden ni'n blant drygionus ond nid drwg. Rwy'n cofio ceisio smygu mwsog wedi sychu. Gyrru rownd y pentre wedyn gyda darn o focs sigaréts wedi'i blygu a'i osod rhwng brêcs y beic a'r sbôcs er mwyn iddo wneud sŵn fel motor-beic. Gwthio cylchyn wedyn wedi'i lunio gan Tom y Gof a theimlo, wrth rolio'r cylch, 'mod i'n mynd yn gynt.

Yna fe gyrhaeddodd y teledu. Gan 'mod i'n mynd i Lunden yn amal rown i wedi gweld teledu ymhell cyn i'r un ddod i'r Bont. Un o'r rhai cynta yn y fro i gael set deledu oedd Dai Rogers, sef Dyn y Mwnci eto. Roedd ganddo fe set ddeuddeg modfedd – un ddu a gwyn, wrth gwrs. Wedyn fe ddaeth set deledu i Heulfryn a Bronceiro, ac fe fydden ni, blant, yn galw yn y tai hyn i wylio gwahanol raglenni. Weithie fe fydden ni'n gwylio'n ddi-dor o tua chwech o'r gloch tan yr Epilog am ddeg. Roedd teuluoedd y cartrefi hyn yn hael iawn eu hamynedd, mae'n rhaid, yn fodlon ein cael ni ar eu haelwydydd. Nid yn unig roedden ni'n cael croeso yno, ond fe fydden ni'n cael paned a chacen hefyd. Yn Heulfryn, rwy'n cofio bod yno bob amser baneidie o de cryf iawn.

Araf iawn y daeth teledu yn atyniad cyffredin yng nghartrefi'r fro. Yn un peth, roedd y derbyniad yn wael gan ei fod yn dod yr holl ffordd o Holme Moss. Weithie bydde gwylio rhaglen fel edrych drwy gawod o eira trwm. Ond un diwrnod yn yr ysgol, ymhell cyn i'r set deledu gynta gyrraedd y pentre, dyma Dennis Morgan yn cyhoeddi bod ganddo fe set deledu. Roedd Dennis yn byw ym Mlaen-yr-esgair ym mharthe ucha Ffair-rhos a doedd trydan ddim hyd yn oed wedi cyrraedd yno bryd hynny. Pan glywodd Moc Morgan, ein prifathro erbyn hynny, froliant Dennis fe roddodd bryd o dafod iddo am ddweud celwydd. Amddiffyn ei hun wnaeth Dennis gan ein gwahodd i fyny'r dydd Sadwrn canlynol er mwyn i ni gael gweld ei fod e'n dweud y gwir.

Fyny â ni ar ein beics a chael ein tywys i'r sied gan Dennis. Yno ar silff roedd bocs fale neu orene wedi'i osod ar ei ochr. Ar waelod y bocs roedd gwellt, ac ar y gwellt roedd y gath yn gorwedd. Y tu ôl i'r gath roedd cannwyll wedi'i chynnau, a thros wyneb y bocs pren roedd sgwaryn o wydr neu bolythîn. A dyma oedd set deledu Dennis.

Wrth edrych yn ôl, hwyrach mai Dennis oedd galla. Yn wahanol i setie eraill y fro roedd ganddo lun clir, perffeth a set deledu lliw, flynyddoedd o flaen pawb arall. Doedd e ddim yn gorfod talu trwydded a doedd dim hysbysebion yn tarfu ar rediad y rhaglen. Teledu Dennis oedd y cynta yn y byd i dderbyn gwasanaeth clir a llun lliw!

Pennod 2

Roedd ein cysylltiad ni fel teulu â Llunden yn un cryf iawn. Yno y gwnaeth Nhad a Mam gyfarfod gynta. Roedd Mam yn forwyn i ryw Lady Walters a Nhad yn gweithio ar rownd laeth yn Popham Road, gorllewin Llunden, ger White City.

Fe fu yna gyfnod yn 'y mhlentyndod a'n llencyndod pan own i mor gyfarwydd â Bermondsey ag own i â'r Bont. Roedd Anti Sal, chwaer i Nhad, a'i gŵr, Wncwl Dai, yn cadw busnes yn Bermondsey a byddwn yn mynd atyn nhw adeg gwylie ysgol yn rheolaidd.

Un o Felin-fach oedd Wncwl Dai, ac mae aelode o'i deulu yno o hyd. Roedd ganddo fe ddiddordeb mawr mewn rasio ceffyle. Mewn rasys yn Llangadog cafodd ei gicio gan geffyl, ac fe wnaeth e ddiodde'n ddrwg o ganlyniad i hynny. Roedd e wedi bod yn yr Ail Ryfel Byd ac wedi'i ddal gan yr Eidalwyr yng ngogledd Affrica. Pan soniai am hynny, byddwn yn tynnu ei goes a dweud nad yn amal y bydde'r Eidalwyr yn llwyddo i ddala neb!

Fe fu'n garcharor rhyfel yn Bari, yn ne'r Eidal, ac o'r ardal honno daeth nifer fawr o Eidalwyr i fyw yma yng Nghymru. Fe'i symudwyd e wedyn i wersyll yn yr Almaen, lle roedd dau fachgen o ardal Aberystwyth yn gyd-garcharorion gydag ef, sef Caleb Jones yr arwerthwr a Mr Northwood y bwtsiwr. Mae'r teligram a anfonwyd at Anti Sal yn ei hysbysu bod ei gŵr ar goll gen i o hyd. Drwy gyfrwng telegram gan Radio'r Fatican y daeth hi i wybod i Wncwl Dai gael ei ddal a'i fod e'n garcharor rhyfel.

Roedd gan Wncwl Dai ac Anti Sal siop a rownd laeth, ac unwaith eto medra i ddweud i mi fod yn rhan o'r genhedlaeth ola mewn maes arbennig. Y tro hwn rown i ymhlith y criw diwetha i gael y profiad o fyw yng nghyfnod y *Palmant Aur*. Am flynyddoedd bu cysylltiad clòs rhwng y Cardis a busnese llaeth Llunden. Ac erbyn i fi gyrraedd y deg oed, roeddwn i'n helpu gyda'r rownd ac yn dechre helpu yn y siop.

Roedd y siop ar Bermondsey Street, sy'n rhedeg lawr o Tooley Street i gyfeiriad Old Kent Road a'r Elephant and Castle. Doedd hi ddim yn hollol yn yr East End gan ei bod hi'r ochr ddeheuol i'r afon. Ond roedd hi ar gyrion y Docie – dim ond ugain munud oedden nhw o Tower Bridge ac ardal y Docie. Mae Bermondsey wedi bod yn enwog erioed am focswyr, o gyfnod Billy Wells hyd at David Haye yn ein dyddie ni.

Siop cynnyrch llaeth oedd hi'n wreiddiol ond ehangwyd hi i werthu nwydde cyffredinol. Gwerthid hefyd rolie cig, caws ac ati a bydde cryn fynd ar y rheiny. Rwy'n cofio bod mynd mawr ar Spam yn y dyddie hynny wedi'r Rhyfel.

Roedd hi'n hawdd camddeall weithie. Yn y Bont fe fydden ni'n prynu *Swiss roll* yn siop Richard Rees, ond i'r Cocnis, *jam rolls* oedden nhw. Un diwrnod roedd Dai 'mrawd y tu ôl i'r cownter pan ofynnodd

Yr Hwn Ydwyf

rhyw fenyw am *jam roll*. 'Sorry,' medde Dai, 'we don't do rolls filled with jam, only ham, cheese or tomato.'

Fe ges i fy siâr o brobleme hefyd. Roedd dyn hufen iâ yn galw yn y stryd, Tony Bell oedd ei enw. Un tro fe ges i bisyn chwech gan Anti Sal i nôl hufen iâ. Roedd ciw o blant y tu allan i'r fan, a finne'n disgwyl 'y nhro. Dyma gyrraedd y ffenest a gofyn i Tony Bell ryw ffregod rown i wedi bod yn ei dysgu fel adroddwr.

'Can ai haf wan cornet, plis?'

Dyma hwnnw'n ateb, 'Wha d' ya say, mate?'

'Corrnet. Wan cornet, plis.'

'Wha?'

'Corrrnet.'

'Wha'?'

'Wan corrrrnet, plis,' gan roi mwy o bwyslais byth ar yr 'er'.

Bu'n rhaid i fi adael yn waglaw. Ond rwy'n cydnabod heddi mai fy amal ymweliade â Llunden wnaeth fy helpu gyda fy Saesneg.

Yn ystod yr wythnos bydde'r siop ar ei phrysura gan fod nifer o fusnese yn yr ardal. O'r herwydd fe fydde'r penwythnos yn dawelach, a bydde'r siop yn cau ar brynhawnie Sadwrn a Sul er bydde'r rownd laeth, wrth gwrs, yn mynd bob dydd. Ac ar wahân i'r ddau brynhawn yma, bydde'r siop hefyd ar agor, a hynny bob dydd o'r flwyddyn gan gynnwys dydd Nadolig. Yr unig ddiwrnod medra i gofio'r siop ynghau oedd trannoeth marwolaeth fy ewythr. Ar wahân i hynny, hyd yn oed drwy'r Rhyfel, ni chaeodd y siop ei drysau erioed am ddiwrnod cyfan.

Fe fyddwn i'n mynd weithie gydag Wncwl Dai i orneste bocsio a reslo yn Bermondsey Baths. Fe fydden ni hefyd yn mynd i New Cross, i gyfeiriad Lewisham, i weld y rasys motor-beics, sef y *speedway*, a'r rasys milgwn. Felly, fel crwt o'r wlad fe fues i'n ffodus iawn i gael gweld yr holl atyniade hyn yn Llunden. Rwy'n cofio hyd yn oed cael mynd i weld Yuri Gagarin, pan ymwelodd â Llunden yn dilyn ei gamp fawr yn 1961. Os ydw i'n cofio'n iawn, i Olympia y daeth e a hynny toc wedi iddo fod y cynta erioed i deithio i'r gofod.

Criced a phêl-droed oedd fy hoff gampe i, ac rown i'n ffodus iawn o ran criced am fod aelod o Glwb Criced Surrey yn galw'n rheolaidd yn y siop. Ganddo fe cawn i docynne i weld Surrey, ac arferwn ddal y trên o London Bridge a theithio drwy'r Elephant and Castle i'r Oval. Fe fyddwn i'n mynd â phecyn bwyd gyda fi ac yn treulio diwrnod cyfan yno. Arwr mawr Surrey bryd hynny oedd John Edrich, ac fe weles i hwnnw'n batio droeon.

O ran pêl-droed cawn fynd i weld time fel Millwall a Charlton. Weithie cawn fynd mor bell â Highbury i weld Arsenal. Doedd stadiwm Millwall, The Den, ddim yn bell iawn. Roedd yna draddodiad y bydde'r tîm yn cychwyn eu gême am 3.15 o'r gloch pan fydden nhw'n chwarae gartre er mwyn rhoi cyfle i'r docwyr gyrraedd mewn pryd ar ôl eu shifft foreol. Yn y de-ddwyrain yn Greenwich roedd stadiwm Charlton Athletic, The Valley, ond roedd Highbury i fyny yn y gogledd ger Finsbury. Roedd nifer o Gymry â busnese o gwmpas Highbury a Holloway Road, a llawer o Gymry'n chwarae i Arsenal gan gynnwys Mel Charles, brawd fy arwr mawr i, y brenin John.

Down i ddim yn siario diddordeb Wncwl Dai mewn ceffyle, ond fe fydde fe'n mynd i nifer o rasys gwahanol. Un o'i ffrindie mawr oedd Dai Jones, neu Dai Joci o'r Bont, a oedd yn joci proffesiynol. Fe fydde Dai'n galw'n amal yn Bermondsey Street ac yn mynd am beint i'r Woolpack gydag Wncwl Dai. Yn wir, fe fu nai i Dai, sef Ieuan Jones, yn lletya gydag Wncwl Dai ac Anti Sal am gyfnod, yn ogystal ag un arall o'r Bont, John Defi Jones, mab i Tommy ac Esther Jones, a oedd yn gymdogion i ni. Ei fam ddaeth â fi i'r byd, fel y soniais ynghynt. Wedi iddo briodi, fe wnaeth John Defi a'i wraig Jean brynu siop heb fod ymhell o Bermondsey.

Un diwrnod fe aeth Wncwl Dai ac Ieuan i gyfarfod rasys ceffylau yn Epsom, a phwy oedd yn arwain ceffyl o gwmpas y cylch ond Dai Joci. Fe welodd Dai nhw, ac wrth iddo arwain y ceffyl heibio fe sibrydodd wrthyn nhw yn Gymraeg, 'Rhowch bump ar hwn!' Fe sylwodd rhyw bobol ddieithr ar hyn a dyma nhw'n gofyn i Wncwl Dai ac Ieuan beth oedd Dai wedi'i ddweud. Atebodd Wncwl Dai na wyddai beth ar y ddaear roedd Dai wedi'i ddweud ond ei fod yn credu iddo siarad mewn Ffrangeg! Beth bynnag, gosodwyd pum punt ar drwyn y ceffyl – a daeth hwnnw'n ola yn y ras!

Mae 'na stori am Dai'n dod adre ar wylie i'r Bont ac yn galw am baned gyda hen wraig a oedd yn perthyn iddo. Yn ystod y sgwrs, dyma'r hen wraig yn gofyn i Dai a oedd e'n dal yn joci.

'Nac ydw,' medde Dai. 'Rwy wedi mynd yn rhy hen. Bwci ydw i nawr.'

A dyma'r hen wraig yn gwylltio. 'Ach a fi!' medde hi. 'Cer mas o 'ma. Mae'n gas 'da fi feddwl dy fod ti'n cael dy dalu am hela ofan ar bobol!'

Roedd hi'n credu mai bwci bo oedd Dai!

Pan own i'n ddigon hen, fe fyddwn i'n mynd gydag Wncwl Dai ar y rownd laeth, yn cario crêt wrth handlen a hwnnw'n dala tua wyth poteled o laeth. Ardal o fflatie gan fwya fydde'r rownd, yn ymestyn o Bermondsey Street i Tooley Street ac ymlaen at Ysbyty Guy's, ardal rhwng Pont y Tŵr a Phont Llunden. Yn ôl Nhad, yn yr hen ddyddie, ymhell cyn fy amser i, bydde ambell un yn twyllo ar ei rownd laeth drwy werthu ambell beint o'i stên fawr a phocedu'r arian. Er mwyn sicrhau y bydde lefel y llaeth yn dal i fod ar y marc angenrheidiol yn y stên bydde'n cicio tolc o dan y stên. Gwyddai Nhad am y tric hwnnw, a dyna pam – os bydde'n prynu hufen iâ i fi – wnâi e fyth brynu twb. Gwyddai fod gwaelod y twb y tu mewn tua hanner modfedd yn uwch na'r twb y tu allan.

Bydde diwrnod gwaith Wncwl Dai yn dechre am hanner awr wedi pedwar, pan fydde fe'n mynd allan i symud y cratie llaeth i'r siop cyn mynd ar ei rownd. Fe fydde'n cyrraedd 'nôl i'r tŷ i gael brecwast tua saith a dyna pryd bydde Anti Sal yn agor y siop ac yn treulio'r hanner awr gynta ar ei phen ei hun. Yno y bydde'r ddau wedyn nes cau'r siop am hanner awr wedi saith y nos. Erbyn iddyn nhw olchi'r cownteri a rhoi'r cigoedd yn ôl yn eu lle – yn ham,

Spam a bacwn – fe fydde hi'n hanner awr wedi wyth. Bydde'n naw o'r gloch cyn iddyn nhw eistedd lawr i gael swper, ac yna bydde'n rhaid codi unwaith eto'r bore canlynol am hanner awr wedi pedwar. Roedd y ddau'n gwneud bywoliaeth dda, ond roedden nhw hefyd yn gweithio'n galed.

Deuai'r llaeth o United Dairies wedi'i botelu'n barod. Un gorchwyl bob nos fydde gosod yr archeb dros y ffôn ar gyfer y bore wedyn. Roedd gwahanol fathe o laeth; llaeth wedi'i sterileiddio, sef ster, neu sterilised, oedd hoff laeth y Cocni. Deuai hwnnw mewn poteli ac arnyn nhw gapie fel rhai poteli cwrw. Wrth gwrs, roedd y *ster* yn para'n hwy na llaeth cyffredin gan mai ond ychydig o'r cwsmeried fydde'n berchen ar oergell yr adeg hynny. Yna bydde dewis o boteli peint neu hanner peint o laeth ffres, a elwid yn *cows*. Mewn cyfnod diweddarach y daeth pethe fel hufen dwbwl, a photeli ac arnyn nhw gapie mewn gwahanol liwie.

Câi'r cyflenwad llaeth ei adael mewn cratie y tu allan i'r siop. Peth gwirion fydde ei adael allan yn rhy hir neu fe fydde ambell botel yn diflannu, ond roedd dwyn llaeth yn cael ei hystyried yn drosedd ddifrifol iawn. Fe fedra i ddeall pam. Roedd teuluoedd â phlant yn dibynnu ar laeth bob bore ac roedd y dyn llaeth yn allweddol i les y gymuned.

Cerdded y rownd fyddwn i pan fyddwn i'n helpu Wncwl Dai. Ond ar gyfer y manne pella bydde Wncwl yn cludo ambell grêt yng nghist ei gar, hen Woolsley 444. Fel hynny hefyd y bydde fe'n cludo llaeth i'r caffi yn Tower Bridge Road. Bydde perchennog y lle yn derbyn crêt cyfan ar y tro. Dwi ddim yn cofio faint o

Nhad a Mam ychydig cyn yr Ail Ryfel Byd

Fi yn fabi gyda Nhad a Mam a Dai fy mrawd

Fi a Dai gyda Mam-gu Llanidloes

Dwy o ferched ifanc y pentre, Mair Rees a Margaret Towers. Hefyd yn y llun, Valmai Williams o Hirwaun a oedd ar ei gwyliau yn yr ardal

Fy nhad-cu, Dafydd Meredith, yn pysgota ar y Teifi yn y pentref

Gyda Nhad a'm brawd

Esther Jones, gwraig y post, a chwaraeodd ran allweddol wrth ddod â fi i'r byd

Fi a Gwyn fy nghefnder

Gwyn, fi a Dai ar bompren Nant y Cŵn

Mam a Mam-gu ar ben drws Strata House

Fy ffrind Gareth Huws a fi tu allan i Siop y Bacws

Fy nhad wrth ei waith gyda'r MMB ar ddechrau'r chwedegau

Ysgol Gynradd y Bont, dechrau'r pumdegau

Ysgol Gynradd y Bont, 1956-7

Ysgol Gynradd y Bont, 1957-8

Dai Rogers, perchennog Jimi'r Mwnci, a'i wraig Jeno

Agor Canolfan y Bont, 1958. Euron Walters, Alun Jones, Lewis Edwards, Jane Jones, fi a Gareth Huws

Agor Canolfan y Bont, 1958

Parti drama Ysgol y Bont, 1958, aeth i Eisteddfod yr Urdd yn yr Wyddgrug

Dosbarth 1, Ysgol Uwchradd Tregaron, 1958-9

Dosbarth 6 (1 a 2), 1965

Pasiant yr ysgol uwchradd

Ar y ffordd i Ddenmarc, 1965 – Tegs, Glenys Jones, Carol Jones, Eirwen James, fi ac Aled Evans

Tegs a'i ffrind Ann (cyn-brifathrawes Ysgol y Dderi) yn y Tivoli, Copenhagen, 1965

Tegs gyda'i mam a'i thad ar y ffergi bach

Wyn Mel a Twm Roy yn Llundain cyn mynd i Ddenmarc

Ar y llong i Ddenmarc

Tîm y Bont, 1947, sy'n cynnwys fy nhad – ar ysgwydd dde y ficer, John Aubrey

Fy nhad gyda'i law ar ei glun yn paratoi i dderbyn ei fedal yng Nghoedlan y Parc ddiwedd y pedwardegau

Rhes flaen: Tîm Ieuenctid y Bont
Rhes ôl: Tîm Parc Avenue Rangers, Aberystwyth 1961-2

Pencampwyr Adran 1 y gynghrair, 1964

Yn gapten ar bencampwyr y gynghrair, 1967

Tîm pêl-droed Aberystwyth ar daith haf i'r Iseldiroedd a Gwlad Belg, 1968 (rwy drydydd o'r chwith yn y cefn)

Tîm Ieuenctid Aberystwyth ganol y chwedegau

Holi'r brenin, John Charles

Siôn yn gwisgo crys Bont

Llŷr a fu hefyd yn chwarae i'r Bont

Yn batio yn Llangrannog, 1958

Elfed Isaac, fi, Norman Williams, Gregg Thomas, Anthony Evans a John Hopkins

Gêm dysteb John Hopkins – tîm Llanilar yn erbyn Morgannwg, 1986

Cyflwyno tlws i'r cricedwr John Hopkins fel cadeirydd y clwb

laeth *ster* fydde fe'n ei archebu ond bydde fe'n cael oddeutu 280 peint o laeth ffres bob dydd.

Er bod Bermondsey yng nghanol Llunden, roedd yno gymdeithas glòs a theimlad cryf o gymuned. Bydde'r plismyn o Swyddfa Heddlu Tower Bridge yn galw yn y siop am baned a sgwrs. Yn eu plith nhw roedd yna Gymro a gâi ei adnabod fel Dai Polîs. Rwy'n cofio cael mynd gydag e i swyddfa'r heddlu i weld y celloedd ac yn y blaen ac fe ges i'r profiad o rywun yn cymryd fy olion bysedd.

Yn ystod y cyfnod cynnar roedd Mam-gu, sef mam fy nhad – a mam Anti Sal – hefyd yn byw uwchben y siop yn Bermondsey. Roedd hi'n gymeriad arbennig. Doedd ganddi'r un gair o Saesneg, ar wahân i 'yes' neu 'no'. Mater o lwc fydde hi iddi ddefnyddio'r 'yes' a'r 'no' yn y llefydd iawn! Doedd ganddi ddim syniad beth fydde'r Cocnis yn ei ddweud wrthi.

Pan fyddwn i fyny yno fe fydde hi'n amal yn dweud wrth Anti Sal am fynd â fi i brynu pâr o sgidie. Dyna'r cyfnod pan ddaeth sgidie slip-on yn boblogaidd. Roedd hi'n casáu'r rheiny. 'Paid â phrynu'r hen bethe 'na sydd heb gareie!' fydde'r rhybudd bob tro. 'Sgidie i hen bobol sy'n ffaelu plygu lawr i'w clymu nhw yw'r rheina,' medde hi.

Un lle y byddwn i'n mynd i siopa gyda hi oedd Peckham, ardal a enillodd enwogrwydd yn dilyn y gyfres *Only Fools and Horses*, wrth gwrs. Yno roedd siop Jones and Higgins, ac un tro rown i yno gyda Mam-gu ac Anti Sal. Roedd Mam-gu erbyn hynny yn ei hwythdege hwyr, ac roedd hi angen het. Fe wisgodd hi saith neu wyth het, ond doedd yr un yn plesio. A dyma hi'n troi at Anti Sal ac yn dweud, 'Sal, dwed wrth y fenyw 'ma am beidio â rhoi hetie henffasiwn i fi. Faint mae hi'n feddwl ydi'n oedran i, gwêd?'

Mae gen i atgofion da am y siop arbennig hon. Yno, ar gyfer un Nadolig fe ges i fwrdd snwcer bach, tua phedair troedfedd a hanner o hyd. Arno roedd enw Joe Davis, seren y gamp ar y pryd. Fe gafodd ei osod yn y parlwr yn y Bont, ac yno y bu Nhad yn fy nysgu i chwarae. Biliards oedd ei gêm ef, gêm y dysgodd ei chwarae yn y fyddin.

Am bythefnos bob haf bydde'r siop yn dawel. Dyna pryd bydde'r Cocnis yn mynd i gynaeafu hopys yng Nghaint. Roedd hwnnw'n draddodiad blynyddol. Yn yr un modd ag y bydden ni yn y Bont yn cymryd amser bant i helpu gyda'r gwair neu hel tatw, fe fydden nhw'n mynd i gasglu hopys. Yr enw ar y cyfnod hwnnw oedd 'hopping fortnight', a bydde llawn cystal i Wncwl Dai ac Anti Sal gau'r siop. Roedd e'n ddigwyddiad cymdeithasol, ac fe fydden nhw'n mynd yn un criw mawr.

Fy mhrofiade cynnar yn Bermondsey sy'n gyfrifol am y ffaith 'mod i heddiw yn hoff o'r gyfres *EastEnders*. Mae synau'r stryd yn y gyfres – rhuthr y trên tanddaearol, sibrwd isel y fflôt laeth, tincial y poteli – yn fy atgoffa o hyd o Bermondsey yn ystod y pumdege a'r chwedege. Pan weles i, flynyddoedd wedyn, gymeriade fel Alf Garnett, y Mitchells a Del Boy ar y teledu, rown i'n teimlo 'mod i eisoes yn eu hadnabod.

Bob tro yr awn i Lunden fe fydde hi'n antur. Bydde

rhywbeth newydd i'w weld bob tro. Yn Llunden gwnes i ddarganfod bacwn wedi'i fygu. Dyna'r unig fath o facwn a fydde at ddant y Cocni. Fydde'r un Cocni'n dod i'r siop a gofyn am facwn wedi'i fygu. Hwnnw oedd yr unig fath a fodolai, cyn belled ag roedden nhw yn y cwestiwn. Iddyn nhw, bacwn gwyrdd oedd bacwn wedi'i halltu, a phrin fydde neb yn holi amdano.

Fe fydde'r bacwn yn cyrraedd y siop ar ffurf hanner mochyn gyda'r asenne'n dal ynddo. Un dasg y bydde gofyn i mi ei gwneud fydde tynnu'r esgyrn ohono gan ddefnyddio cyllell finiog cyn torri'r cig yn ddarne. Drwy wneud hynny byddwn yn dysgu enwe'r toriade – ac fe fedra i eu cofio nhw hyd heddiw, sef y gamwn, y cefn, y cefn hir, y coler ac yn y blaen, a phob un â phris gwahanol.

Pan ddechreues i ymweld â Llunden, dim ond saith neu wyth mlynedd oedd wedi mynd heibio ers diwedd y Rhyfel. Ac roedd olion y bomio'n dal yn weladwy o hyd. Roedd dau adeilad ger y siop wedi'u bomio i'r llawr. Ffatri felysion Dynamints oedd un, a honno'n agos iawn at y siop. Mwy nag unwaith bu Modryb yn adrodd yr hanes pan ddisgynnodd y bom ar y ffatri lai na degllath ar draws y ffordd i'r siop.

Rownd y gornel roedd y ffatri bupur – lle diddorol, gyda meini fel meini melin yn malu'r pupure. Medra i wynto'r pupur hyd yn oed heddiw. Ac arogleuon oedd un o'r nodweddion a berthynai i Bermondsey. Yn ymyl hefyd roedd tanerdy, lle câi crwyn eu trin. Ger y tanerdy y cadwai Wncwl Dai ei gar, ac rwy'n cofio'r arogl chwerw a ddeuai o'r lle hyd heddiw.

Man arall y byddwn i'n casáu mynd yn agos ato wrth i mi gyflenwi llaeth oedd y ffatri selsig. Roedd y lle'n drewi.

Nodwedd arall o Lunden fy mhlentyndod cynnar oedd y smog, sef y gymysgedd o niwl a mwg a ddisgynnai fel llen dros y lle. Roedd y rhan fwyaf o'r tai'n llosgi glo, wrth gwrs, a'r mwg, yn lle codi, yn disgyn gyda'r niwl. Mis Tachwedd oedd yr amser gwaethaf. Fydden ni'n gweld dim.

Fe arhosodd Anti Sal yn Llunden gydol y Rhyfel, a hynny ar ei phen ei hun am gyfnod sylweddol. O fewn mis neu ddau iddyn nhw brynu'r siop, fe alwyd Wncwl Dai i'r fyddin. Yna fe'i daliwyd a'i garcharu. Fe fydde modryb arall i fi, Olwen, sef chwaer i Sal a Nhad, yn helpu llawer yn y siop. Fe fu Mam i fyny am ychydig yn helpu, ond yna fe anwyd Dai fy mrawd ac roedd hi'n amhosibl i Mam fynd i fyny. Pan ddeuai cyrch bomio awyrennau'r Almaenwyr, ac fe ddigwyddai hynny'n amal gan fod Bermondsey ger y docie, fydde Anti Sal ddim yn mynd i'r drafferth o guddio yn y lloches swyddogol. Fe fydde hi'n cuddio yn y cwtsh dan stâr.

Yr hyn a wnaeth fy synnu oedd fod yr ardal bron iawn fel pentre, yr awyrgylch yn gymdogol a'r siop yn un o gonglfeini'r gymdeithas gan ei bod hi fel rhyw fath o siop y gornel, er nad oedd hi ar gornel. Roedd yno ddwy dafarn – yr Woolpack a'r Yorkshire Grey, yn union fel roedd dwy dafarn yn y Bont, y Black a'r Red. I'r Woolpack fydde Wncwl Dai a'i ffrindie'n mynd. Yn ogystal â'r ddwy dafarn roedd yno swyddfa bost, siop bapure newydd, siop dybaco a siop barbwr.

Yn y Bont, golygfa gyffredin fydde gweld creaduried ffarm ym mhobman. Yn Llunden, ar wahân i gathod a chŵn, down i ddim yn disgwyl gweld unrhyw greaduried. Syndod felly fu gweld ceffyle gwedd urddasol yn llusgo wageni'n llawn casgenni cwrw i'r ddwy dafarn. Bydde bagie'n hongian o dan gynffonne'r ceffyle i atal y dom rhag disgyn ar y stryd.

Fe fydde Wncwl Dai ac Anti Sal yn mynd i gapel Falmouth Road, capel lle bydde'r gwasanaethe yn Gymraeg. Fydden nhw ddim yn mynd i bob oedfa, yn naturiol fydden nhw ddim yn mynd i oedfaon y bore gan y bydde'r siop ar agor. Ond roedden nhw'n fynychwyr cymharol reolaidd, ac fe fyddwn i'n mynd yno gyda nhw. Y gweinidog oedd y Parchedig Glanville Davies, ac ar ôl y gwasanaeth yn gynnar nos Sul fe fyddwn i wrth fy modd yn cael mynd gydag Wncwl Dai ac Anti Sal am fwyd i Lyons Corner House.

Roedd rhai Cymry Cymraeg eraill yn byw yn yr ardal. Yn berchen caffi heb fod ymhell o'r siop roedd Tom James, Henbant, o ardal Lledrod. Yr oedfaon ar y Sul fydde'n dod â phawb at ei gilydd, a'r capel yn llawn mor bwysig fel man cymdeithasol ag roedd e fel addoldy. Bydde un o weinidogion Llunden, Alun Thomas, a oedd yn briod â merch o'r Bont, yn galw'n amal. Roedd hyd yn oed un o drafaelwyr Crosse and Blackwell, John Jenkins, â'i wreiddie yn y Bont ac Ystrad Meurig.

Fe fydde ambell aderyn brith yn byw yn yr ardal hefyd. Ddwywaith, fe dorrodd rhywrai i mewn a dwyn eiddo. Pan glywodd Mam-gu, fe'u galwodd nhw nid yn 'burglers' ond yn bygyrs! Ac roedd yna hyd yn oed bryd hynny gymeriade a fydde heddiw'n gwbl gartrefol yn *EastEnders*. Roedd mab yr Woolpack, er enghraifft, yn cyfateb yn berffaith i Phil Mitchell ac yn byw ar yr ymylon. Yn wir, fe fydde cymeriade'n dod i'r siop ac yn cynnig gwerthu stwff oedd wedi disgyn oddi ar gefn lorri. Roedden nhw'n rhan o'r gymdeithas ac un ohonyn nhw hefyd yn fwci, gan nad oedd dim siope betio yr adeg honno. Ond fe fydde hwn yn derbyn bets ar y slei. Un cymeriad lliwgar iawn arall yn yr ardal oedd un a gâi ei alw'n Cadilac Johnny. Rwy'n cofio hanes amdano yn y papur wedi cael damwain car yn Tower Bridge Road.

Roedd pobol fel y rhain yn rhan o'r gymuned. Doedden nhw ddim yn bobol a wnâi niwed corfforol i neb, ond ro'n nhw'n byw ar eu wits. Os oedd unrhyw un eisie unrhyw beth, fe wydden nhw at bwy i fynd i'w gael e. Dyna oedd eu ffordd nhw o fyw.

Fe fyddwn i'n cyfeillachu â phlant lleol ac yn chwarae gyda nhw. Yn wahanol i ni yn y Bont, bryd hynny roedd ganddyn nhw fanne chwarae pwrpasol, yn cynnwys caets ar gyfer chwaraeon. Roedd yno lain criced a wicedi go iawn ar springs, a byddwn i'n chwarae gyda nhw yno. Plant croenwyn oedden nhw i gyd – doedd y mewnlifiad o'r Caribî ddim wedi digwydd eto. Ar ddiwedd y chwedegau y gwelais i hynny'n digwydd.

Roedd gen i ffrind o'r Bont yn Llunden ac fe fydde'r ddau ohonon ni'n cyfarfod yn achlysurol. Roedd Gareth Hughes wedi bod yn ffrind bore oes, wedi'i eni ryw hanner canllath o'n tŷ ni. Ar ôl dwy flynedd yn Ysgol Uwchradd Tregaron fe symudodd gyda'i rieni i Lunden lle roedd ei dad, Ieuan, yn gweithio yn y byd ariannol a'i fam, Elizabeth, yn cadw tŷ lojin yn 11 Barkston Gardens yn Earls Court. Fe fyddwn i'n dal y trên tanddaearol o London Bridge draw i orsaf y Bank ac yna'n mynd ar y District Line i Earls Court i gwrdd â Gareth. Yn ddiweddarach, fe ddaeth Gareth yn ôl i Gymru i weithio i gwmni cysylltiadau cyhoeddus cyn troi at y busnes arlwyo. Bu'n berchen ar gadwyn o westai cyn canolbwyntio ar y Mochyn Du yng Ngerddi Soffia yng Nghaerdydd.

Er fy mod i yn fy arddegau cynnar erbyn hyn, fe fydda i'n synnu weithie o edrych yn ôl wrth sylweddoli pa mor fentrus own i. Fe fyddwn i'n teithio ar hyd a lled Llunden ar fy mhen fy hun. Fe wnes i ddechre ymweld â Llunden yn rheolaidd pan own i tua chwech oed. Ond o tua'r deuddeg oed ymlaen fe fyddwn i'n mynd ar fy mhen fy hun, yr holl ffordd o Stesion Strata i Paddington. Pan gaeodd lein Caerfyrddin roedd yn rhaid dal y trên o Aberystwyth i Euston, wrth gwrs.

Yn y dyddie cynnar fe fyddwn i'n teithio mewn steil. Bydde cerbyd bwyd yn rhan o'r trên ac roedd hynny'n ysgafnhau'r daith, a gymerai rhwng wyth a naw awr. Bydde gofyn newid trên yng Nghaerfyrddin a hynny'n golygu sefyllian ar y platfform am hydoedd weithie cyn cael cysylltiad. Rwy'n cofio'r wefr o deithio drwy dwnnel Hafren am y tro cynta, a minne'n grwt yn mesur ei hyd â'r unig dwnnel arall y gwyddwn i amdano, hwnnw oedd yn mynd o dan y ffordd fawr yn Nhyn-graig ger arhosfan Caradog ar y lein i Aberystwyth. Y dasg oedd ceisio dirnad sawl twnnel Tyn-graig allai ffitio i mewn i dwnnel Hafren.

Weithie fe gawn i fynd i fyny yng nghar fy nhad. A dyna antur fydde honno. Ef wnaeth ddysgu Wncwl Dai i yrru. Pan fydde Wncwl Dai yn dod lawr i weld y teulu yn Felin-fach, gyda ni yn y Bont bydde fe'n aros ac yn dal ar y cyfle wedyn i gael gwersi gyrru. Ac fe fedra i gofio'n dda mynd gyda nhw yn y car, Wncwl Dai'n gyrru, fy nhad yn y sedd gyferbyn a finne'n ei gôl. Fydde neb yn meiddio gwneud hynny heddiw! Unwaith, ar y ffordd o Ben-uwch tuag at Dy'n Celyn, fe drodd Wncwl Dai y ffordd anghywir ger Maen-gwyn. Dyma Nhad yn gweiddi arno ac yn ei wylltineb fe fethodd Dai â throi ac fe hitiodd y clawdd. Fe hities inne 'mhen yn erbyn y ffenest flaen.

Er i mi brofi blynyddoedd ola bywyd traddodiadol y Cardi yn Llunden, roedd bwrlwm y bywyd hwnnw eisoes drosodd. Chefais i ddim, er enghraifft, brofiad o gymdeithas y Cymry yn Llunden yn Nhŷ'r Cymry yn Grays Inn Road. Ond cafodd Dai, fy mrawd, y profiad hwnnw gan ei fod e chwe blynedd yn hŷn na fi.

Daeth fy mherthynas ag Wncwl Dai i ben mewn ffordd drist a sydyn iawn. Yn 1969 oedd hi, a finne erbyn hynny'n caru gyda Tegs. Fe aethon ni i fyny i Lundain gyda'r bwriad o ddyweddïo yno. Ar y nos Sadwrn, mynd i dŷ bwyta Eidalaidd yn New Cross a'r bore wedyn deall bod Morgannwg yn chwarae criced yn erbyn Middlesex ar faes Thomas Lord. Roedd hi'n ddiwrnod braf o fis Awst, ac fe benderfynodd Anti Sal a Tegs ddod gyda fi. Ond dewisodd Wncwl Dai aros gartre. Pan ddaethon ni adre roedd ei gar y tu allan, ond doedd neb yn ateb y drws. Yn y diwedd fe lwyddodd cymydog i ddringo i mewn drwy ffenest y llofft. Ac yno y cafwyd Wncwl Dai, wedi marw yn ei wely. Dim ond 56 oed oedd e ac ynte wedi gorfod talu mor ddrud am ei brofiade yn ystod yr Ail Ryfel Byd a'r holl waith caled a wnaeth e wedyn gydol ei oes.

Wedi marwolaeth Dai, fe benderfynodd Anti Sal aros yn Bermondsey, er i'r rownd laeth gael ei gwerthu. Fe aeth Dai fy mrawd a'i wraig, Kathleen, i Lunden am gyfnod i roi help llaw iddi. Ond ar ddiwedd y saithdegau fe ddaeth hi i lawr i fyw i'r Bont.

Flynyddoedd yn ddiweddarach fe wnes i alw i weld yr hen le. Swyddfa asiant gwerthu tai oedd yno erbyn hynny. Cyflwynes fy hunan iddyn nhw a dweud yr hoffwn weld y lle unwaith eto. Ac er bod y lle erbyn hynny wedi'i weddnewid, fe fedrwn i gofio ble'n union y câi'r caws, y siwgr a'r wye eu cadw. Roedd y stafell fyw a oedd y tu ôl i'r siop nawr yn rhan o'r swyddfa. Roedd fflatie ar y llawr cynta lle roedd y bathrwm, y stafell ore ac un stafell wely, ac ar yr ail lawr, lle roedd dwy stafell wely arall. Bues i bron iawn â llewygu pan glywais fod pob fflat erbyn hyn yn gwerthu am gwarter miliwn o bunnau yr un. Fel mewn nifer o ddinasoedd, roedd ardal y docie wedi newid i fod yn ardal yr iypis erbyn hyn!

Ond roedd yna un peth a wnaeth godi fy nghalon.

Wedi i'r ardal droi'n ardal ffasiynol, fe newidiwyd enw tafarn yr Woolpack i ryw enw trendi. Fedra i ddim cofio beth. Ond pan alwais i yno'n gymharol ddiweddar roedd yr hen le wedi adfer yr enw gwreiddiol yn dilyn ymgyrch gan y trigolion lleol.

   Do, fe fu 90 Stryd Bermondsey yn ail gartref i mi o'r adeg pan own i'n chwech neu saith oed tan oedran gadael ysgol. Haf a gaeaf, bob gwylie fe fyddwn i yno. Fel yr awn i'n hŷn fe fedrwn i helpu fwyfwy yn y siop ac ar y rownd. Ond wedi i Anti Sal adael fe ddaeth pennod liwgar yn fy mywyd i ben a phennod yn hanes y Cardis yn Llunden hefyd i ben tua'r un cyfnod.

Pennod 3

DIGWYDDODD TRI PHETH PWYSIG yn 1958: fe aeth tîm pêl-droed Cymru i rowndie terfynol Cwpan y Byd; fe agorwyd neuadd snwcer yn y pentre ac rown i'n un o ddwsin o ddisgyblion Ysgol y Bont a aeth ymlaen i Ysgol Uwchradd Tregaron. Ni oedd y criw mwya niferus erioed i fynd o Ysgol y Bont i Dregaron. Roedd plant a genhedlwyd adeg diwedd y Rhyfel wedi dod i oed ysgol uwchradd.

Fe fu'r neuadd snwcer yn gaffaeliad mawr i'r fro. Ond o ran Cymru a finne, boddi ar ymyl y lan fu'r hanes. Fe gollodd Cymru yn y rownd gogynderfynol yn erbyn Brasil. Ac fe fethais i fy arholiadau 11+.

Diolch yn bennaf i Pelé, chafodd Cymru ddim ail gyfle. Ond yn hyn o beth, gydol fy oes, fe lwyddes i i wneud yn fawr o ail gyfleoedd. Ac fe ddigwyddodd y tro hwn. Y drefn yn Nhregaron oedd y bydde'r rhai llwyddiannus yn yr 11+ yn mynd i Ffrwd 'A', y rhai a fethodd o ychydig yn mynd i Ffrwd 'B' a'r rheiny a oedd wedi methu'n llwyr yn mynd i Ffrwd 'C'. Ar ddiwedd y flwyddyn gynta wedyn bydde'r tri cynta yn Ffrwd 'B' yn ymuno â Ffrwd 'A'. A dyna beth ddigwyddodd i fi.

Fedra i ddim gosod fy mys ar unrhyw bwnc arbennig a fu'n gyfrifol am y ffaith i fi fethu yn fy 11+. Gwendid cyffredinol oedd y bai. Rown i'n un gwael am sillafu, yn wir, fedrwn i ddim sillafu'r gair 'sillafu'. Yr hyn fyddwn i'n ei ddweud oedd 'llisafu'! Heddiw, mae'n bosib iawn y bydde diagnosis yn dangos 'mod i'n diodde o ddyslecsia. Bryd hynny, fedrwn i ddim ynganu'r gair hwnnw ac rwy i wedi bod yn ymwybodol o'r gwendid hwnnw erioed. Yn ogystal â bod yn sillafwr gwael, rown i hefyd yn ddarllenwr gwael a'r hyn a godai arswyd arna i yn yr ysgol oedd gorfod darllen yn gyhoeddus. Yn wir, rwy'n dal i gasáu gorfod darllen yn gyhoeddus a datblygodd y peth yn fath ar ffobia.

Heddiw, wrth gwrs, caiff ystyriaeth ei rhoi i blant sy'n diodde o ddyslecsia, ac mae cymorth pwrpasol ar eu cyfer. Ond yn y dyddiau pan own i'n grwt roedd stigma'n gysylltiedig â methu sillafu a chael anhawster i ddarllen, ac roedden nhw'n cael eu hystyried fel arwyddion o dwpdra. Yn amal iawn fe fyddwn i'n ceisio cuddio yng nghanol y dosbarth. Fe fydde hynny'n effeithio'n andwyol ar y gwersi'n gyffredinol gan y byddwn i mewn ofn byth a hefyd mai fy nhro i fydde hi nesa i orfod sefyll o flaen y dosbarth a darllen rhywbeth neu'i gilydd.

Fe fu methu fy 11+ yn siom fawr i fi. Ond fe wnes i weithio'n galed wedyn yn fy mlwyddyn gynta yn Nhregaron. Wn i ddim a oedd hyn yn bolisi mewn ysgolion uwchradd eraill yn y sir, ond yn Nhregaron yr oedd rhywun yn cael ail gyfle. A da o beth oedd hynny. A'r bonws mawr oedd nad oedd gofyn i rai fel fi orfod dechrau o'r dechrau a cholli blwyddyn achos fe ges fynd yn syth o flwyddyn gynta yn Ffrwd 'B' i ail flwyddyn yn Ffrwd 'A'.

Fu yna ddim petruster o gwbl ynghylch gadael

ysgol y pentre am ysgol Tregaron. Yn un peth, roedd graddio i'r ysgol fawr yn golygu cael gwisgo trowsus hir a chael gwared ar y trowsus cwta. Ond roedd yna un peth yn fy mhoeni. Roedd yna si ar led y bydde plant newydd yn cael 'ducking', hynny yw, bydde'r plant hŷn yn ein dal ni ac yn gosod ein pennau o dan y tap. Am ddyddie ar ôl mynd i Dregaron rown i'n arswydo rhag y 'ducking' ac yn dyfalu pryd bydde'r arteth yn digwydd. Ond doedd dim angen i fi ofni achos wnaeth e ddim digwydd o gwbl.

Er hynny, fe ddysges i'n fuan nad oedd hawl gan blant y flwyddyn gynta i eistedd yng nghefn bws coch a gwyn William Lloyd ar y ffordd i'r ysgol nac ar y ffordd adre. Dim ond y bois mawr gâi eistedd yn y cefn, ac ar ôl ambell i glipen ar fy mhen fe wnes i dderbyn fy lle. Roedd yna drefn bendant, a rhaid oedd ufuddhau iddi.

Hwn oedd cyfnod smocio ar y slei a phrynu sigaréts fesul pecyn pump. Rwy'n cofio un diwrnod yn steddfod y pentre, a Wil Lloyd a finne wedi mynd i lawr ar hyd ffordd y stesion i gael smôc ar y slei. Fe wnaethon ni glywed rhywun yn dod, ac fe wthion ein hunen o dan un o nifer o geir a oedd wedi'u parcio wrth ymyl y ffordd. Yn sydyn dyma ni'n clywed sŵn injan y car hwnnw'n tanio a dim ond eiliade'n sbâr oedd gyda ni cyn i ni lusgo'n hunen allan oddi tano.

Un fantais fawr o fyw ym mherfeddion cefen gwlad oedd bod gyda ni fanne chware arbennig. Un man chwarae naturiol i ni oedd mynachlog Ystrad-fflur. Gan ein bod ni'n byw o fewn milltir i'r hen adfail, ac yn ei gymryd yn ganiataol, doedd ei hynafiaeth na'i hanes cyfoethog ddim yn berthnasol i ni. Na, man chware cyfleus a pherffeth oedd y 'Nachlog', fel y bydden ni'n ei galw.

Caer y cowbois oedd y fynachlog i fois y Bont. Hon, i ni, oedd yr Alamo. Fe fydde'r cowbois yn meddiannu'r gaer a bydde'r Indiaid – nid Mecsicans, gyda llaw – yn crynhoi ar Ben y Bannau uwchlaw ac yn rhuthro heibio i Fron-y-berllan a thros yr afon at y gaer. Ymhlith y cowbois byddwn i bob tro. Roedd gan y cowbois ynnau caps, wrth gwrs, a'r Indiaid yn defnyddio bwa a saeth. Âi un o'r Indiaid gymaint i ysbryd y brwydro fel y bydde, ar ôl saethu ei saeth i fyny i'r awyr uwch ei ben, yn ei gwylio hi'n disgyn. Yn anffodus, unwaith fe ddisgynnodd yn syth i mewn i un o'i lygaid. Diolch byth, wnaeth e ddim diodde anaf drwg iawn.

Roedd yno ofalwr yn y Nachlog, gŵr o'r enw Rhys Jones. Roedd Rhys yn arweinydd côr, a mabwysiadodd yr enw Alaw Fflur. Roedd e hefyd yn ysbrydegwr. Hanner yr hwyl fydde ceisio osgoi Rhys. Yn amal, fe fydde fe'n ein gweld ac yn ceisio'n dal a ninne'n rhedeg bant yn hawdd, ac wrth gwrs, bydde hynny'n rhan o'r hwyl.

Fydden ni ddim yn mentro i'r Nachlog wedi nos, wrth gwrs. Roedd yna hen gredo yn ein plith y bydden ni, o gerdded saith gwaith o gwmpas yr eglwys yn y fynwent, yn medru gweld ysbryd wrth syllu drwy dwll y clo. Rown i'n ormod o gachgi i roi prawf ar y chwedl. Beth bynnag, does gen i ddim cof fod unrhyw un arall wedi gweld ysbryd yno erioed.

Roedd dylanwad y ffilmie'n drwm arnon ni ac fe fydden ni'n efelychu'n harwyr. Fe fydden ni'n mynd i'r pictiwrs yn Neuadd yr Eglwys unwaith yr wythnos. Un tro fe aeth pethe'n rhy bell rhwng dau frawd ar ôl iddyn nhw gael pistol yr un fel anrhegion Nadolig. Allan â nhw i chwarae cowbois. Fe gropiodd un yn slei bach i fyny tu ôl i gefn y llall ac yn hytrach na'i saethu, fe wnaeth yr hyn a welsai ei arwr yn ei wneud mewn ffilm yr wythnos cynt. Fe'i trawodd â charn ei bistol y tu ôl i'w ben nes disgynnodd ei frawd yn anymwybodol. 'Nôl â'r brawd iach i'r tŷ, a'i fam yn gofyn iddo ble roedd y llall. A'r brawd iach yn ateb. 'Mae e'n cysgu tu allan. Do'n i ddim am 'i ladd e, felly fe hitiais i fe ar 'i ben yn lle'i saethu fe.'

Roedd 'da ni'n chwaraeon ein hunain. Dyna i chi 'Bad Eggs', lle bydden ni'n taflu pêl yn erbyn y wal a gweiddi rhif arbennig. Pwy bynnag fydde'n methu dal y bêl, bydde fe'n gorfod sefyll â'i gefn yn erbyn y wal. Bydde'n cael tri chynnig, ac o fethu deirgwaith bydde hwnnw allan o'r gêm.

Ar ôl graddio o rolio cylchyn a wnaed gan Tom y Gof, fe ddaeth y beic tair olwyn. Fe fydden i'n sgrialu ar hwnnw bob prynhawn dydd Sadwrn i lawr dros filltir i Ddolau Dôl-fawr i wylio tîm pêl-droed y Bont yn chwarae. Unwaith y gwelwn i'r chwaraewyr yn mynd i newid yn sied y Llew Coch, bant â fi er mwyn bod yno mewn pryd i weld dechrau'r gêm.

Wedyn fe ddaeth y beic dwy olwyn – Hercules oedd hwn. Ond yn anuniongyrchol, fe wnaeth beic Dai fy mrawd brofi i fod yn farwol i mi, bron iawn. Roedd Tom Lloyd y Siop yn mendio beic Dai pan ofynnodd i fi fynd i'r tŷ i nôl sbaner. Fe redais i allan o'r tŷ â'r sbaner yn fy llaw heb edrych, ac fe hitiodd car fi yn erbyn polyn teligraff. Mater o lwc yw hi 'mod i'n dal yn fyw.

Fel pob plentyn arall, fe fyddwn i'n ymuno gyda'r gang o fois i ddwyn fale. Nid eu dwyn nhw ar gyfer eu bwyta bydden ni. Na, eu dwyn nhw o ran diawlineb. Fe fydden ni wrth ein bodd yn dwyn fale Defis y Gweinidog. Y nos Wener wedyn yn y seiat bydden ni i gyd wedi dysgu adnode'n cyfeirio at ffrwythe – yr adnod am y goeden honno yng Ngardd Eden, er enghraifft ac, wrth gwrs, 'Wrth eu ffrwythau yr adnabyddir hwynt.'

Un tro bu'n rhaid i fi dalu'n ddrud am fy nghamwedd. Rown i'n chwarae yng nghartref Dai Roberts, a enwyd yn Dai Dower oherwydd ei ddawn fel bocsiwr. Mewn gardd gefn ger cartref Dai yn Teifi Street tyfai coeden blwms. Un prynhawn, a'r goeden yn llwythog o blwms, dyma benderfynu mynd dros y ffens i'w blasu. Daethon ni oddi yno'n llwythog, a dyma fynd ati i'w bwyta. Yn wahanol i'r fale y bydden ni'n eu dwyn, roedd y plwms yn felys. Awr yn ddiweddarach rown i'n gorwedd ar y soffa ac yn chwydu o wadne 'nhraed.

Ond, fel y dywed y Gair, 'Mi a roddais heibio bethau bachgennaidd.' Erbyn i ni gyrraedd dosbarthiadau pump a chwech, pan fydden ni'n teimlo fel cael mwgyn, sleifio i lawr i siop trin gwallt Iris Lloyd ar riw'r ysgol fydden ni. Yno roedd cuddfan ddiogel rhag llygaid llym yr athrawon.

Newid mawr a ddaeth i'n rhan gyda dyfodiad

prifathro newydd a hwnnw'n cyflwyno'r gyfundrefn chwe diwrnod – hynny yw, amserlen chwe diwrnod mewn pump. Câi'r diwrnode eu rhifo o un i chwech, felly fe gâi un diwrnod ei golli bob wythnos. O ddechre gyda dydd Llun fel Diwrnod Un, fe fydde dydd Llun yr wythnos wedyn yn Ddiwrnod Chwech. Yn anffodus, ambell wythnos bydden ni'n colli chwaraeon yn llwyr. Roedd un fantes fawr yn hyn o beth. Fe fedren ni, os na fydden ni wedi cwblhau'n gwaith cartre, roi'r esgus i ni gymysgu rhif y diwrnod. Wn i ddim ai rhywbeth i Dregaron yn unig oedd hwn, neu arferiad cyffredin drwy holl ysgolion y sir, ond dyna i gyd rwy'n ei gofio – fe geson ni ein drysu'n llwyr.

Fy nghenhedlaeth i, mae'n rhaid, oedd yr ola i fod yn dyst i'r gansen yn cael ei defnyddio fel cosb. Roedd rhai athrawon yn barotach i'w defnyddio nag eraill. A rhai fel petaen nhw'n mwynhau ei defnyddio. Ond os mai'r dewis oedd y gansen neu ysgrifennu traethawd, roedd hi'n well gen i gael y gansen bob tro. Ac un peth da am y gansen oedd – o'i chael, dyna ddiwedd ar y mater – tan y tro nesa a doedd dim dal dig.

Fel arfer byddwn i'n haeddu'r gosb. Ond ddim bob tro. Unwaith yn arbennig fe ddioddefodd criw mawr ohonon ni'r gansen ar gam. Roedd nifer ohonon ni wedi trefnu gyda'r athro chwaraeon i gael mynd i'r gampfa ar ein liwt ein hunain i ymarfer bocsio. Yn ystod ein hamser hamdden, amser cinio, fydde hyn yn digwydd, ac fel mae'n digwydd, fi oedd wedi dod â dau bâr o fenig ar gyfer yr ymarferion. Ond ar ôl tua phythefnos o ymarfer fe ddaeth yr arferiad i glustie'r prifathro, Lloyd Jenkins. Yn amlwg, doedd e ddim yn teimlo bod bocsio'n ymarferiad gwaraidd.

Fe'n galwyd i gyd, criw o tua hanner cant ohonon ni, i fynd o'i flaen. Wnaeth neb geisio cuddio'r ffaith i ni fod yn ymarfer bocsio yn y gampfa gan ein bod ni, wedi'r cyfan, yn gwneud hynny gyda bendith yr athro chwaraeon. Er hynny, wnaeth 'run ohonon ni geisio osgoi'r gosb.

Dyna lle roedden ni, y criw cyfan ar waelod y grisie yn disgwyl y prifathro. Ond yn lle dod yno'i hunan, fe anfonodd yr athro chwaraeon, yr union un a roddodd ganiatâd i ni ymarfer, i weinyddu'r gosb. Fe ddioddefes i, fel y gweddill, dair clatsien ar 'y mhen-ôl. Fe adawodd dair streipen goch ar fy nghorff, a wnaethon nhw ddim diflannu am ddyddie. Rwy'n cofio ffrind i fi, John Roberts o Gwmystwyth, yn ymbil ar yr athro, ar ôl y chwipiad gynta, i beidio â rhoi un arall iddo. Ond yn ofer. Fe ddisgynnodd y gansen ddwywaith eto. Roedd yr ergydion yn atsain drwy'r holl adeilad. Mae'n rhaid mai hon oedd y gosb dorfol fwya yn hanes yr ysgol.

Dyna'r grasfa waethaf a ddioddefes i erioed. A'r hyn a'i gwnaeth hi'n waeth oedd mai'r union athro a roddodd ganiatâd i ni ymarfer bocsio yn y gampfa oedd nawr yn ein cosbi. Petai e'n gwneud y fath beth heddiw, bydde'n siŵr o gael ei alw i ymddangos o flaen llys barn.

Ond roedd y dyddie da yn yr ysgol yn gorbwyso'r dyddie gwael yn hawdd. Dyna i chi'r cyfle hwnnw i fynd gyda chôr yr ysgol i Ddenmarc yn 1965. Côr merched oedd e, ond fe gafodd chwech ohonon ni'r bechgyn fynd gyda nhw.

Yn allweddol i'r caniatâd i fynd i Ddenmarc yr oedd dyfodiad Rhiannon Price i ddysgu astudiaethau crefyddol. Fe aeth hi ati i gynhyrchu drama, ac rown i'n aelod o'r cast. Aeth yr arian a ddeilliodd o lwyfannu'r ddrama tuag at ariannu'r daith. Ein dadl ni, fechgyn a fu'n rhan o gast y ddrama, oedd na fydde hi'n deg os na chaen ni fynd ar y daith hefyd. Fe gawson ni fynd, ac fe aethon ni fechgyn ati i lwyfannu sgetsh ar y Fari Lwyd fel rhyw berfformiad ychwanegol i'r côr. Yn trefnu'r daith roedd yr athro ffiseg, Robert Thomas, gydag Ethel Jones, yr athrawes gerdd, Ogwyn Davies, yr athro celf a Gareth Mathews, yr athro daearyddiaeth. Yn 2005 fe drefnwyd aduniad deugeinfed pen-blwydd taith y côr, a braf oedd cael Ethel Jones yno gyda ni yn y dathliad ychydig cyn iddi farw.

Fe dreulion ni ran helaeth o'r daith yn cysgu drwy'r nos ar drên. Roedd cyfleustere cysgu ar y trên, a lle i bedwar ymhob cerbyd, ond ro'n ni'n chwech o fechgyn. Felly, dyma Thomas Roy Edwards a finne'n sylweddoli pwysigrwydd y fathemateg ac yn dal yn ôl tra bod pedwar o'r bechgyn yn cael eu hanfon i siario cerbyd. Y gobaith nawr oedd y bydde Roy a finne'n gorfod siario gyda dwy o'r merched. Ac yn wir, dewiswyd ni i siario gyda dwy ferch o'r Chweched. Yn anffodus, fe welodd yr athrawon drwy'r ystryw ac fe siariodd dwy athrawes gerbyd gyda ni yn hytrach na merched y Chweched.

Fe wnaethon ni golli cryn dipyn o ysgol adeg

gaeaf 1963 oherwydd yr eira. Roedd yna eira mawr bryd hynny, hyd yn oed ar ddydd Nadolig. Rwy'n cofio Nhad yn dod adre o'i waith yn ffatri laeth Pont Llanio, ac yn methu gyrru ymhellach na'r Hen Fynachlog, dros filltir o'r pentre. Gydag e roedd ei gyd-weithiwr, Peter Pitwell, ac fe fu'r ddau bron iawn â mogu yn y lluwchfeydd. Fe fu'r ysgol ynghau am ryw dair wythnos, neu hyd yn oed fwy na hynny. Wnes i ac Alun Tŷ Capel ddim helpu pethe. Gyda'r nos, a'r peiriannau mawr jac codi baw wedi bod yn clirio'r ffyrdd, fe fydden ni'n gwthio'r blociau eira rhewllyd yn ôl ar hyd y ffyrdd er mwyn atal y bws ysgol rhag teithio fore trannoeth.

Yna dyma fi'n cael fy hun yn fy mlwyddyn gynta yn y chweched dosbarth ac wedi dewis astudio'r gwyddore. Fe fues i'n lwcus iawn yn fy athrawon a llwyddes i basio cemeg a bioleg Lefel 'O'. Yn dysgu cemeg roedd John Ifor Jones, a John Llewelyn oedd yn dysgu bioleg. Roedd John Ifor Jones, yn arbennig, yn un o'r athrawon gore erioed o safbwynt cael rhywun i ddeall. Fe wnes i astudio bioleg wedyn am flwyddyn yn y Chweched cyn gadael i weithio yn y coleg yn Aberystwyth. Ac unwaith eto dyma elwa o gael ail gyfle. Er i mi adael cyn sefyll fy arholiade Lefel 'A' fe wnes i astudio ar gyfer fy HNC mewn bioleg fel rhan o 'ngwaith yn y brifysgol.

Erbyn hyn roedd yr amser wedi dod i wneud penderfyniad. Beth fydde'r cam nesa? Nid fi yn unig fydde'n gorfod gwneud y penderfyniad hwnnw ond y criw cyfan ohonon ni oedd wedi treulio'n plentyndod a'n llencyndod gyda'n gilydd. Roedd rhai, meibion ffermydd er enghraifft, eisoes wedi gadael ac eraill nawr yn penderfynu mai mewn coleg y bydde eu dyfodol am y tair neu bedair blynedd nesa. Do, daeth dyddie'r chwalfa fawr.

Penderfynu mynd i goleg celf wnaeth un o 'nghyfeillion a 'nghymydog agosa, sef Alun Tŷ Capel. Cafodd wahoddiad i fynd am gyfweliad i goleg yn ardal Birmingham. Gofynnodd i fi a wnawn i fynd gydag e a'i dad, Wil, yn gwmni. Doedd Wil, hyd y gwyddwn i, ddim wedi eistedd y tu ôl i olwyn lywio ers ei ddyddie yn y fyddin. Yn ôl ei dystiolaeth ei hun, 'despatch rider' oedd e yn y fyddin. Down i ddim wedi'i weld e'n gyrru car erioed. Yn wir, doedd ganddo ddim car, felly fe gafodd fenthyg car dwy chwaer o Ben-y-garn, lle bydde fe'n mynd i gynnig help llaw yn amal.

Bant â ni yn y Ford Anglia ymhell cyn toriad gwawr. Chawson ni ddim llawer o broblem nes i ni groesi'r ffin i Loegr. Yna, ger Llwydlo fe fethodd Wil arwydd 'Halt' ac fe yrrodd yn blet i mewn i ochr lorri fawr. Roedd trwyn y car yn yfflon, a dyma gar mawr du a golau glas yn fflachio yn dynesu ac yn stopio. Fe aeth yn fater o 'Hylô! Hylô! Beth yw hyn?' Cludwyd y tri ohonon ni, a gyrrwr y lorri, i swyddfa'r heddlu.

Fe'n holwyd ni'n tri ar wahân mewn tair stafell wahanol. Pan holwyd fi, atebes i na wyddwn i ddim beth oedd wedi digwydd gan 'mod i, ar y pryd, yn cysgu'n sownd yn y cefn. Wn i ddim sut cawson ni ganiatâd i fynd ymlaen ar ein siwrne. Dirgelwch mwy yw sut cawson ni'r car yn ôl ar y ffordd fawr. Roedd darne'n hongian oddi arno. Beth bynnag, dyma gyrraedd Birmingham, fe gafodd Alun ei gyfweliad a dyma gychwyn am adre. Ar gyrion Birmingham fe aeth Wil o gwmpas cylchdro'r ffordd anghywir. A dyma ail olau glas y diwrnod hwnnw'n ymddangos, y tro hwn ar ffurf plismon ar fotor-beic BMW. Fe benderfynodd Wil fynd yn ei flaen heb stopio. Ond gorfodwyd ef i ufuddhau yn y diwedd.

Cyn i'r plismon agor ei geg, fe achubodd Wil y blaen. 'We have just come up from Wales,' medde fe yn ei Saesneg gorau. A dyma'r plismon yn sylweddoli o weld cyflwr y car, mae'n rhaid, fod ganddo fe fynydd o waith papur o'i flaen. A dyma fe'n gosod ei lyfr nodiadau a'i feiro yn ôl yn ei boced. 'Listen,' medde fe, 'take my advice. Go back to Wales and promise me that you will never come back to Birmingham again.'

Wil oedd un o gymeriade mawr y fro. Wna i byth mo'i anghofio fe. Fe wnes i dreulio orie lawer yn y Tŷ Capel, a chawn i ddim mynd adre, er mai dim ond ar draws y ffordd rown i'n byw, heb i Wil a Jini baratoi pryd o fwyd i fi gyda'r teulu.

Erbyn hyn, er mor hapus own i yn yr ysgol, rown i'n teimlo ei bod hi'n bryd i fi ddechre gweithio. Ac fe ges i swydd yn y brifysgol fel technegydd mewn biocemeg, cyn symud wedyn i'r Adran Sŵoleg. Fe wnes i gychwyn ar gyflog bach fel Technegydd Iau. Ond rown i'n ffodus iawn o fod yno ar yr amser iawn. Roedd cyfleoedd bryd hynny ar gyfer disgyblion ysgol oedd yn gadael cyn sefyll arholiadau Lefel 'A' yn y gwyddorau. Yn ogystal â'r coleg roedd y Fridfa yng Ngogerddan a Sefydliad yr Awyrlu yn Aber-porth yn cynnig ail gyfleoedd ar gyfer addysg bellach. Roedd cyfleoedd tebyg yn Ysbyty Bronglais, Aberystwyth. Yn wir, fe wnes i gynnig am swydd yno yn y labordai. Ond ches i mohoni. A pheth da oedd hynny, mae'n debyg, gan fod fwy o ddiddordeb gen i mewn cemeg na bioleg.

Teithio'r pymtheg milltir o'r Bont fyddwn i yn hytrach na lletya yn y dre, a hynny'n amal yn lorri laeth Nhad neu yn lorri un o yrwyr eraill ffatri laeth Pont Llanio. Doedd gen i ddim awydd lletya yn y dre o gwbl. Bachan pentre own i. Weithie fe fyddwn i'n teithio gydag un o 'nghyd-weithwyr, John Lewis, Maes-capel, Llanddewibrefi cyn cael car fy hun a phasio'r prawf gyrru.

Un o'r pethau rwyf yn ei drysori wrth edrych 'nôl ar ysgol Tregaron yw'r berthynas agos barhaol a luniwyd rhwng yr athrawon a'r disgyblion. Pan ddechreuais weithio i'r BBC derbyniais gerdyn i'm llongyfarch oddi wrth fy nghyn-athro Cymraeg wedi iddo glywed un o'm eitemau. Doeddwn i ddim yn un o'i sgolars ieithyddol ond eto roedd y Prifardd John Roderick Rees wedi cofio amdana i ac wedi mynd i'r drafferth i ysgrifennu nodyn o ganmoliaeth. Bu farw Jac Rees ym mis Tachwedd 2009, ond mae'r cerdyn gen i o hyd a bellach yn un o'm trysorau.

Pennod 4

BU CAEL SWYDD FEL technegydd ymchwil yn yr Adran Fiocemeg yn y brifysgol yn Aberystwyth yn 1965 yn drobwynt mawr yn fy mywyd. Golygai hynny weithio wrth draed un o ddarlithwyr yr adran. Un agwedd ddiddorol ar y gwaith oedd y cawn gynnal arbrofion fy hunan o dan gyfarwyddyd y darlithydd hwnnw.

Drwy gydol fy mywyd mae cael ail gyfle wedi bod yn bwysig iawn i mi. Ac fe ddigwyddodd yma eto. Er i mi adael yr ysgol cyn astudio a phasio'r arholiadau Lefel 'A' cefais gyfle yn y brifysgol i astudio ar gyfer ONC (Tystysgrif Genedlaethol Gyffredinol) a mynd ymlaen i astudio ar gyfer HNC (Tystysgrif Genedlaethol Uwch). Bryd hynny roedd modd naill ai cymryd prentisiaeth neu ddilyn cyrsie addysg bellach. Dydi pobol ifanc heddiw ddim yn cael y fath gyfleoedd. Teimlwn bryd hynny – ac rwy'n teimlo hynny fwyfwy erbyn hyn – i mi fod yn ffodus iawn.

Doedd teithio i Aber yn lorri laeth Nhad ddim yn fêl i gyd. Yn ffodus fe fydde fe'n gyrru'n uniongyrchol i fyny i Aber ac yn casglu'r llaeth ar y ffordd yn ôl; oedd, roedd hynny'n gyfleus er bod gofyn codi'n fore. Fe fyddwn i hefyd yn gweithio ar fore dydd Sadwrn, tan hanner dydd.

Ar adege, ar ddyddie gŵyl, er enghraifft, fe fyddwn i'n mynd gyda Nhad i'w helpu fel y medrai orffen yn gynnar. Ac fe gofia i'n dda orfod codi'n fore iawn i'w helpu un bore Nadolig. Y noson cynt rown i wedi bod yn dathlu gyda ffrindie o'r pentre, a wnes i ddim cyrraedd adre tan ryw dri o'r gloch y bore. Down i ddim wedi bod yn 'y ngwely am fwy na hanner awr pan glywes Mam yn galw:

'Dere, cwyd i helpu dy dad!'

Fy ngwaith i ar adege fel hyn fydde dal lamp drydan tra bydde fe'n codi'r caniau llaeth oddi ar y stand ar ben y lonydd i'r lorri. Fyny yn ardal Capel Seion fe ollynges i'r lamp pan fues i bron iawn â syrthio i gysgu ar 'y nhraed, a Nhad yn gweiddi:

'Dal y lamp yna, bachan!'

Ond yr eironi yw mai gerllaw'r stand laeth honno y gwnaeth Tegs a finne godi ein cartre cynta ymhen rhai blynyddoedd. Fe fyddwn i'n pasio'r hen stand laeth honno bob dydd wrth fynd i'r gwaith ac yn cofio'r bore hwnnw pan syrthies i gysgu ar 'y nhraed. Rhyfedd yw gweld y rhai sydd wedi goroesi bellach yn wag, a'r caniau llaeth erbyn hyn yn botie blode. Mae'n crisialu'r hyn ddigwyddodd i'r diwydiant a roddodd fywoliaeth i Nhad a dwsine o'i gyd-weithwyr. Ydy mae'r hen 'churn' laeth bellach yn bot blodyn ar fedd y diwydiant prosesu llaeth yng nghefn gwlad Cymru.

Wrth edrych yn ôl ar fy mywyd hyd yma, rwy'n gweld tair croesffordd bwysig. Mae un ohonynt yn mynd 'nôl i'r cyfnod hwn, tua blwyddyn wedi i mi ddechrau gweithio yn yr Adran Fiocemeg ar Allt Penglais. Fe benderfynodd fy nghyd-weithiwr – a'm cyd-deithiwr yn amal – sef John Lewis o

Landdewibrefi ystyried troi i gyfeiriad gwahanol. Roedden ni'n ifanc, ac yn ddiamynedd, hwyrach, yn teimlo y dylen ni fod yn ennill mwy o arian mewn swydd fydde'n cynnig gwell rhagolygon. Mater o weld man gwyn fan draw, hwyrach.

Gyda'n gilydd, fe ddaethon ni i'r casgliad y dylen ni wneud cais i ymuno â'r heddlu. A dyma'r ddau ohonon ni'n mynd mor bell â threfnu i gael cyfweliad yng Ngorsaf yr Heddlu yn Aberystwyth. Ar ôl ein holi am ein cefndir, a'n rhesyme dros geisio ymuno â'r heddlu fe aeth un o'r swyddogion ati i'n mesur, fel oedd yn arferol bryd hynny. Rown i'n ddigon tal a chefais y golau gwyrdd i fynd ymlaen â 'nghais. Ond roedd John Lewis hanner modfedd yn rhy fyr. Roedd hyn yn siom fawr iddo.

Ond yn hytrach na pharhau â'r cais fe benderfynes, os na fedre John fynd yn heddwas, yna wnawn inne ddim chwaith. Felly, petai John Maes-capel wedi bod hanner modfedd yn dalach fe fyddwn i wedi newid cyfeiriad a mynd yn heddwas. Do, fe ddes i o fewn hanner modfedd i newid patrwm fy mywyd yn llwyr, ac fe fydda i'n amal yn ceisio dychmygu beth fydde wedi digwydd i fi petai John hanner modfedd yn dalach.

Fe ddeuai dwy groesffordd arall yn eu tro – y ddwy eto'n ymwneud â gyrfa, ond storïe eraill yw'r rheiny ac fe ddôn nhw'n amlwg yn nes ymlaen.

Yn 1967 fe ddaeth bywyd yn haws wrth i fi basio 'mhrawf gyrru. Ac fe gafwyd troeon pwysig eraill yn fy mywyd hefyd rhwng 1970 a 1975. Yn gynta, fe wnes i briodi. Yn ail, erbyn 1972 rown i wedi llwyddo yn yr holl arholiade oedd yn cyfrif. Fe lwyddes i sicrhau HNC mewn Bioleg Gymhwysol, fel y gwnâi nifer o dechnegwyr bryd hynny.

Yna, yn 1975 dyma gyfle i ddilyn cwrs MI mewn Bioleg yng Nghaerdydd. Cwrs rhan-amser oedd hwn, a golygai deithio i lawr i'r ddinas ar fore dydd Iau. Cychwyn am tua 5.30 y bore yn un o chwech – pedwar o'r Fridfa Blanhigion yng Ngogerddan, un o'r Weinyddiaeth Amaeth yn Nhrawscoed a finne o'r brifysgol. Fe fydden ni'n teithio mewn dau gar. Roedd y cwrs yn golygu dilyn darlithoedd drwy'r dydd a chyflawni gwaith ymarferol gyda'r nos. Fyddwn i ddim adre tan tua 10.30 o'r gloch y nos.

Yr adeg hon hefyd cefais gyfle diddorol arall a brofodd yn gam pwysig yn fy ngyrfa. Gofynnwyd i fi fod yn gadeirydd yr undeb a oedd yn cynrychioli'r technegwyr, yr ASCW (Cymdeithas y Gweithwyr Gwyddonol) a drodd wedyn yn ASTMS (Cymdeithas Staff Gwyddonol Technegol a Rheolaethol), sef hen undeb Clive Jenkins. Fe roddodd hyn fwy o hyder i fi nag ymron unrhyw beth arall yn ystod fy mywyd. Rwy'n cofio mynd i'r cyfarfod, ac un gorchwyl oedd i'w gyflawni ynddo oedd dewis cadeirydd. Fe ges i gryn sioc pan wnaeth un o'r aelode gynnig fy enw i. Finne'n meddwl:

'Beth sydd wedi codi ym mhen yr hat wirion!'

Fel yn ystod fy nyddie ysgol, ychydig iawn o ddigwyddiade cyhoeddus fues i'n rhan ohonyn nhw. Down i ddim yn berson cyhoeddus o gwbl. A dweud y gwir, mae sefyll o flaen cynulleidfa'n dal i fod yn groes i'r graen i fi. Beth bynnag, fe'm perswadiwyd, ar ôl cryn wrthwynebiad ar fy rhan, i ymgymryd â'r swydd. A hyn, yn anad yr un digwyddiad arall yn fy mywyd, a'm rhoddodd ar ben y ffordd ar gyfer y dyfodol lle roedd angen mwy o hyder.

Golygai'r swydd mai fi fydde'n cynrychioli'r holl dechnegwyr, er enghraifft, pan fyddai angen trafod â phenaethiaid adrannau a hyd yn oed gyda'r Prifathro ei hun. Roedd hi'n gryn her. Ond er gwaetha'r arswyd cynnar, fe wnes i ddod i fwynhau'r profiad.

Yr adeg hon hefyd fe symudes i o'r Adran Fiocemeg i weithio gyda'r Dr Richard Kemp yn yr Adran Sŵoleg a Bioleg y Gell. Fe arweiniodd hyn at gryn gamddealltwriaeth ar un achlysur. Fis Mawrth 1977 fe arestiwyd nifer o bobol fel rhan o Operation Julie, ymgyrch yr heddlu i ddal cynhyrchwyr a dosbarthwyr LSD. Y prif gemegydd a arestiwyd oedd Richard Kemp, a drigai yn Nhregaron. Ac rwy'n cofio Mam yn fy ffonio mewn panig gan feddwl mai 'mhennaeth i oedd y dyn yma oedd wedi cynhyrchu hanner cyflenwad y byd o LSD! Roedd e'n gamgymeriad hawdd ei wneud, wrth gwrs, a'r sôn yw fod yr heddlu, am gyfnod, wedi bod yn gwylio'r Richard Kemp anghywir!

O ran fy ngwaith, doedd bioleg y gell ddim yn wahanol iawn i fiocemeg. Mae'r ddwy wyddor yn perthyn i'r un maes gwyddonol. Roedd Dr Kemp yn cynnal ymchwil ar ran nifer o sefydliade a chwmnïe, a'r rheiny'n noddi llawer o'r gwaith. Fy ngwaith i, ar ran Dr Kemp, oedd tyfu celloedd a gwneud profion ac arbrofion.

Un agwedd bwysig o'r gwaith oedd datblygu dullie

o gwtogi ar arbrofion ar greaduried. Fi fydde'n gwneud y gwaith ac yna ysgrifennu'r canlyniade ar gyfer Dr Kemp. Wedyn fe fydde'r ddau ohonon ni'n trafod pa game i'w dilyn wedyn.

Y celloedd y gweithies i fwya arnyn nhw oedd celloedd llygod, celloedd y cyhyrau'n benna. Roedd llygod yn cael eu cadw yn y labordy ond fyddwn i ddim yn tynnu celloedd oddi ar lygod byw. Prynu'r celloedd i mewn fydden ni. Fe fyddwn i'n cadw rhai drwy eu rhewi mewn nitrogen hylifol, ac yn tyfu rhai mewn poteli a'u defnyddio nhw fel celloedd unigol.

Rhan bwysig o'r gwaith fydde canfod effaith gwahanol fathau o sebon ar y celloedd, yn cynnwys sebon gwallt. Fe wnaethon ni lawer o waith ar gyfer cwmni enwog Johnson & Johnson, ac mae'n gywir dweud bod cynnwys llawer o sebon gwallt Johnson & Johnson nawr wedi deillio o'n gwaith ni yn Aberystwyth.

Roedd arbrofi ar greaduried byw yn fater llosg, mewn mwy nag un ystyr, bryd hynny. Ac roedd yna gystadleuaeth fawr rhwng y gwahanol gwmnïe yn y cyfnod hwnnw. Pan fydden ni, felly, yn gwneud gwaith ar ran cwmni arbennig roedd hi'n bwysig ein bod ni'n cadw'r gwaith – ac yn arbennig y canlyniade – yn gwbl gyfrinachol. Fydden ni ddim yn rhannu'r wybodaeth.

Roedd yna ochr negyddol iawn i hyn, wrth gwrs. Gan fod y gwahanol gwmnïe'n cystadlu â'i gilydd ac yn gweithio'n gyfrinachol ar wahân, roedd mwy o greaduried yn cael eu defnyddio. Petai'r cwmnïe wedi – ac yn – cydweithio a siario'r wybodaeth, bydde'r defnydd o greaduried yn llawer llai. Ond mae'n hawdd deall pam mae hyn yn digwydd. Mae'r cwmnïe'n mynd i gost enfawr i ariannu'r fath waith a dydyn nhw ddim am weld cwmnïe eraill yn elwa ar eu gwariant.

Gyda sebon gwallt, fe geid yr hyn a elwid yn brawf Draize. Golygai hyn chwistrellu'r hylif i mewn i lygaid cwningod, ac yna fe fydde'r ymchwilwyr yn mesur maint y niwed i'r llygad o fewn gwahanol gyfnode. Fe fydden ni, ar y llaw arall, yn chwistrellu'r sebon gwallt ar y celloedd eu hunen – celloedd a dderbyniem neu rai fydden ni wedi'u tyfu mewn poteli – a'r profion hynny wedyn yn rhoi rhyw fath o syniad pa effaith a gâi hynny ar greadur byw. Rwy'n hoffi meddwl bod hyn wedi cwtogi'n sylweddol ar arbrofion byw, a thrwy hynny ar nifer y creaduried oedd yn gorfod diodde er mwyn bodloni balchder pobol.

Yn ystod y cyfnod hwn fe wnaethon ni yn yr adran ysgrifennu nifer o bapure ar yr arbrofion a'u canlyniade, yn cynnwys un i'r Dr Iolo ap Gwynn ar gyfer cylchgrawn *Y Gwyddonydd* o dan y teitl, 'Sychu Dagrau'r Gwningen'.

Fe arweiniodd hyn at gyfle i fi fynd i lawr i weithio'n uniongyrchol gyda Johnson & Johnson yn Portsmouth i'w helpu i sefydlu eu labordy eu hunain.

Yn ystod y cyfnod hwn, ar ddechre'r wythdege daeth yr ail o'r tair croesffordd. Penderfynes wneud cais am swydd gyda chwmni LKB o Sweden oedd yn cynhyrchu offer gwyddonol, offer rown i'n eu defnyddio'n ddyddiol yn y labordy.

Cefais wahoddiad i fynychu cyfweliad i lawr yn Croydon, de Llunden, ac yn groes i 'nisgwyliade cynigwyd y swydd i fi. Roedd y dyletswydde'n golygu mai fi, fel arbenigwr ar beirianne megis *amino acid analyser* a *chalorimeter*, fydde'n cynrychioli'r cwmni yn ne Lloegr, Cymru ac Iwerddon yn ogystal â rhannau o'r Cyfandir. Roedd y gyflog yn sylweddol uwch na 'nghyflog yn y brifysgol a byddwn hefyd yn derbyn car gan y cwmni.

Gofynnes i'r cwmni a fydde hi'n bosib i fi wneud y swydd o Gaerdydd ond na – roedd yn rhaid symud i fyw'n agosach at Lundain. Fe aeth Tegs a fi i lawr i ardal Reading i edrych ar dai, ond drwy'r amser rown i'n ansicr a oeddwn am dderbyn y swydd. Roedd Llŷr yn yr ysgol gynradd yng Nghapel Seion a Siôn ar fin dechrau yno. Roedd rhieni Tegs yn ffermio'r tyddyn ym Mlaenpennal a Mam a Nhad yn byw yn y Bont.

Ar ôl pwyso a mesur am ddiwrnode dyma gymryd y penderfyniad anodd a gwrthod y cynnig. Er ei fod yn benderfyniad anodd iawn ar y pryd, o edrych yn ôl credaf yn sicr erbyn hyn i ni wneud y penderfyniad cywir.

Yna, yn 1983 fe ddaeth Athro o Brifysgol Bowdoin yn Brunswick yn Nhalaith Maine yn America, sef Tom Settlemire, draw i wneud ymchwil ar ffibrosis cystig, afiechyd sy'n effeithio ar ysgyfaint plant, ymhlith pethe eraill. Yn ystod y flwyddyn y bu gyda ni fe fu'n defnyddio celloedd a dyfwyd ganddon ni yn y labordy. O ganlyniad i'r hyn a wnaeth e gyda ni, fe wahoddodd fi 'nôl i gydweithio ag e yn America am gyfnod o dri mis er mwyn sefydlu labordy newydd yno.

Fe gytunodd y coleg y cawn i fynd, a mynd â'r teulu gyda fi. Pan dorrais i'r newydd i'r ddau fab ein bod ni'n mynd i America, fe wnaethon nhw redeg rownd y tŷ tua chwe gwaith yn dathlu. Ac ar ôl i'r trefniade gael eu gwneud ar draws Môr Iwerydd, draw yr aethon ni: fi, Tegs, Llŷr a Siôn. Byth ers hynny mae'r ddau deulu wedi cadw cysylltiad clòs â'i gilydd.

Roedd cartref Tom a'r teulu ar yr arfordir yn Brunswick. Gan mai yn ystod yr haf yr aethon ni draw doedd yr ymweliad ddim yn effeithio llawer ar y plant o ran colli ysgol. Roedd Llŷr yn ddeg oed a Siôn yn chwech, ac rwy'n cofio i ni hedfan allan ar ddiwrnod cynta Eisteddfod Genedlaethol Llambed a'r Cylch, y flwyddyn enillodd fy nghyn-athro Cymraeg, John Roderick Rees, ei Goron genedlaethol gynta. Fe wnaethon ni hedfan ar awyren TWA a chlywed wrth i ni fyrddio'r awyren fod Richard Burton wedi marw yn America'r noson cynt.

Gyda'r meibion a finne yr un mor wirion â'n gilydd am chwaraeon roedd yn rhaid gweld un o gêmau traddodiadol America. Ac fe aeth Tom â ni i weld gêm bêl fas. Yn ystod fy nhri mis o waith fe ges i bythefnos o wylie. Dyma benderfynu hurio car a gyrru i fyny i Ganada. Fe wnaethon ni benderfynu gwersylla ac aros mewn gwesty am yn ail. Ym Montreal fe wnaethon ni barcio'r car, yn cynnwys ein bagiau a'n pasborts, mewn maes parcio swyddogol. Roedd y bechgyn yn awyddus i weld Stadiwm Olympaidd Montreal.

Fe ddalion ni dacsi 'nôl a dangos fy nhocyn parcio

i'r gyrrwr, iddo gael gwybod ble oedden ni am fynd. A dyma'r gyrrwr yn gofyn:

'Pa faes parcio? Mae yna chwech o'r rhain ym Montreal.'

Dyna beth oedd panig. Ble yn y byd oedden ni wedi parcio? Yr unig ateb oedd ceisio nabod rhai mannau ar y ffordd y daethon ni ar hyd iddi, a'i dilyn tuag yn ôl. Ac fe wnaethon ni ddod o hyd i'r car. 'Nôl â ni i Toronto lle roedden ni i fod i aros mewn pabell. Roedd hyn, wrth gwrs, yn antur i'r plant. Ond fe dorrodd storm anferth o fellt a tharanau a dyma fynd ati i chwilio am westy. Roedd hi'n amhosibl gan fod yna ŵyl fawr yno ar y pryd. Roedd pobol o bob cwr o Ganada wedi tyrru yno. Doedd dim un stafell wely i'w chanfod yn unman. Fe wnaethon ni yrru o gwmpas y Queen Elizabeth Way, ffordd sy'n amgylchynu'r ddinas, a hynny sawl tro ond heb ddim lwc. A Siôn yn mynnu 'mod i ar goll.

'Na,' oedd fy ateb, 'dydw i ddim ar goll ond wn i ddim ble ddiawl ydw i!'

Dyma droi i mewn i glos rhyw westy mawr gyda'r bwriad o godi'r babell yno. Ond yn gynta dyma benderfynu, heb fawr o obaith, rhoi un cynnig arall a gofyn am stafell. Oedd, roedd un ar gael ac ynddi un gwely. Diolch byth, roedd hwnnw'n wely *king-size* ac fe gysgodd y pedwar ohonon ni ynddo.

Trannoeth fe yrrais i lawr i Raeadr Niagara. Ac ar y ffordd yn ôl i Maine, dod ar draws lle bach o'r enw Meredithsville. Felly, mae yna ryw Meredith wedi rhoi ei enw i dref fach yn America.

Fe gymeres i at ardal Brunswick ac at yr

Americanwyr gwrddes i â nhw. Petawn i wedi cael gwahoddiad i aros yno am dymor hir, fe fyddwn i wedi ystyried y peth. Mae Talaith Maine yn debyg iawn i Gymru, yn enwedig y dirwedd. Ond yr hyn a'n trawodd ni fel teulu oedd absenoldeb ffiniau. Lle roedd Tom yn byw doedd dim ffens rhwng ei ardd ef a gardd drws nesaf. Mae yno gymaint o dir fel nad oes angen i'r bobol nodi ffinie eu heiddo.

Roedd Tom yn cadw defaid ac roedd ganddo fe hwrdd anferth o'r enw Barnaby. Roedd ganddo fe hefyd dri chi defaid, sef dwy ast ac un ci, a'r ci wedi'i enwi'n Bryn, ar ôl Pennaeth yr Adran Sŵoleg yn Aberystwyth ar y pryd, sef yr Athro Bryn Jones. Fe enwodd un ast yn Non, ar ôl mam Dewi Sant a'r ast arall yn Tegs, ar ôl Tegs.

Ac mae'n rhyfedd fel mae cyd-ddigwyddiade'n digwydd. Fe fydde'n arferiad gyda ni i ffonio'n gilydd ar nos Galan. Ond yn sydyn un noson, flynyddoedd wedi i ni fod yn America, dyma fi'n teimlo y dylwn ei ffonio. Pam, wn i ddim, ond rhaid ei fod e ar fy meddwl, am ryw reswm. Ei wraig, Marylin, atebodd. Fe sylweddoles fod tinc dagreuol yn ei llais. A dyma ddeall pam. Yr eiliad y ffonies i, roedd hi a Tom ar eu ffordd at y milfeddyg i roi Tegs i gysgu.

Ond fe fu bron i'r ffaith fod Tom yn ffermio defaid arwain at golli Siôn. Un noson rown i'n helpu Tom i symud y ffens drydan. Ac mae'n wir fod popeth yn fwy yn America, gan gynnwys uchder y gwair. Yn sydyn dyma ni'n colli Siôn yng nghanol y gwair. Fe ddiflannodd yn llwyr. Roedd hi'n nosi ac er y medren ni ei glywed e'n gweiddi, fedren ni mo'i weld o gwbl. O'r diwedd, ar ôl chwilio a chwilio a phoeni, fe wnaethon ni ei ffeindio, ond cael a chael fu hi. Wnaeth hynny ddim effeithio arno fe o gwbwl. Yn ystod y siwrne adre fe wylodd am awr solet – doedd e ddim am adael Brunswick.

Ddeuddeng mlynedd yn ddiweddarach fe wahoddwyd Tegs a fi yn ôl i briodas merch Tom. Ac fe wnaethon ni fanteisio ar y cyfle i weld a chlywed Bryn Terfel yn canu yn y Met yn Efrog Newydd. Ond stori i'w hadrodd mewn man arall yw honno.

Pennod 5

ROEDD TEGS A MINNE'N adnabod ein gilydd yn ystod dyddie ysgol, flynyddoedd cyn i ni ddechre canlyn ac yna briodi. Fe ddaeth hi i Ysgol Uwchradd Tregaron flwyddyn ar fy ôl i, felly fe fydden ni'n dueddol o droi yn yr un cylchoedd. Ond dim ond rhyw weld ein gilydd yma ac acw fydden ni. Merch Tŷ Newydd, Blaenpennal, yw Tegs, ac roedd ei rhieni'n ffermio'r tyddyn bach ym Mlaenpennal, a godwyd gan ei thad-cu. Yno mae ein cartref ninne bellach.

Pan own i'n llanc tueddai popeth i droi o gwmpas pêl-droed. Er fy mod i'n aelod o Aelwyd yr Urdd a Chlwb Ffermwyr Ifainc Ystrad-fflur, pêl-droed oedd y dynfa fawr. Yn wir, fe wnaethon ni ennill Cwpan Pantyfedwen un flwyddyn – tîm pêl-droed gorau Aelwydydd Cymru, felly. Cwpan Pantyfedwen oedd y tlws mwya o'i fath yn y byd. Dim ond un cwpan arall welais i oedd bron mor fawr ag e. Enillwyd hwnnw gan ewyrth i Tegs, Emrys Humphreys, yn rasys trotian y Bont. Cwpan a roddwyd gan Syr David James, Pantyfedwen, oedd hwnnw hefyd.

Fel pawb, bron, o fechgyn ifanc y cyfnod fe ddechreuodd ein criw ni hel tafarndai cyn i ni fod yn ddeunaw oed. Roedd yna rai tafarndai lle bydden ni'n siŵr o gael diod yn ddi-gwestiwn, a lle na fydde neb yn ein hadnabod ac yn medru cario clecs. Dyna i chi'r Castle Green yn Llambed a'r Feathers neu'r Harbourmaster yn Aberaeron. Bydde pob dydd Sadwrn adeg y tymor pêl-droed yn dilyn yr un patrwm. Bydde gêm bêl-droed yn y prynhawn a ninne'n teithio llawer i chwarae yn y dyddiau hynny – yn Aberystwyth bydde tîm Penparcau yn ogystal â phum tîm y coleg. Bydde time i fyny i gyfeiriad y gogledd wedyn, fel Bryn-crug, Abergynolwyn a Thywyn. Ble bynnag y bydden ni'n chwarae, boed hynny adre yn y Bont neu oddi cartref, bydden ni'n mynd draw i Aberystwyth wedyn gan alw am beint neu ddau yn yr Angel ar dop y dre. Bron yn ddieithriad bydden ni'n cwrdd â bechgyn tîm pêl-droed Machynlleth, a datblygodd cyfeillgarwch mawr rhwng aelode'r ddau dîm. Pan fydden ni'n chwarae yn erbyn ein gilydd, bydde hi'n frwydr ffyrnig rhwng dau dîm da a medrus, ond oddi ar y cae bydden ni'n gyfeillion penna.

O'r Angel fe fydden ni, Fois y Bont, yn mynd i ryw ddawns neu'i gilydd, i Felin-fach, hwyrach, neu Dregaron neu Lambed. Weithie fe wnaen ni fynd mor bell â Chaerfyrddin. Roedd patrwm dydd Sadwrn yn ysgrifenedig ar lechen: gêm bêl-droed yn y prynhawn, cwrw yn yr Angel tan tua wyth neu naw o'r gloch y nos, ac yna ffwrdd i ddawns ac adre rywbryd wedi hanner nos. Doedden ni ddim yn gwneud unrhyw ddrwg. Drygionus, rhaid cyfadde ein bod ni, ond nid yn ddrwg. Bydde'r nos Sadwrn ddelfrydol yn golygu codi menyw hefyd, er nad oedd hynny ddim yn holl bwysig. Bonws fydde hynny.

Cymwynaswr mawr y cyfnod hwnnw oedd Wil

John, Tŷ Canol – William John Morgan, Ffair-rhos – ef a'i fan lwyd Austin 35. Wil fydde'n darparu'r olwynion. Mae gen i ryw syniad nad oherwydd maint ei hinjan y câi'r fan ei galw'n Austin 35 ond yn hytrach am y bydde yn agos at dri dwsin ohonon ni wedi ein stwffio i mewn iddi ar ambell nos Sadwrn!

Ar un nos Sadwrn yn arbennig roedd un o'n chwaraewyr ni, John Webb, a oedd yn fyfyriwr yn Aber wedi dod yn dad am y tro cynta. Mae nifer fawr o fyfyrwyr y brifysgol yn Aber wedi chwarae dros y Bont dros y blynyddoedd ond rwy'n credu mai John, a hanai o Rydychen, oedd un o'r rhai cynta. Roedd gwraig John, Meri Jean, Tŷ Capel yn dal yn yr ysbyty mamolaeth yn Aber gyda'r baban, sef Mark. Dyma berswadio Wil John i fynd â John a finnau i fyny o'r Angel er mwyn i John gael gweld Mari a'u mab newydd-anedig. Wrth y drws roedd yna ryw sgrafell o nyrs yn mynnu mai dim ond y tad gâi fynd i mewn. Dyma ninne'n mynnu bod yna broblem gan na wyddem p'run ohonon ni'n tri oedd y tad. Chwarae teg, fe feiriolodd y nyrs a chaniatáu i'r tri ohonon ni fynd i mewn.

Roedd Wil John yn sant. Petai un ohonon ni fechgyn yn ddigon lwcus i godi menyw mewn dawns, gofalai roi lifft adre i honno cyn mynd â ni i gyd yn ôl i'r Bont. Weithie fe fydde dwy neu dair merch yn y fan. Fe fydde Wil John yn teithio hanner y sir fel gwasanaeth bysys yn mynd â'r merched adre, ac wedyn yn mynd â ni adre. Bydde amal i ferch yn ffansïo Wil John. Ond bydde fe'n tynnu eu coes drwy ddweud na alle fe fynd gyda nhw am fod yn rhaid iddo fynd adre at Bwbw. Ei botel ddŵr poeth oedd Bwbw!

Yn hen fan lwyd Wil John y bydden ni'n mynd i wahanol eisteddfode hefyd. Yn Eisteddfod Aberafan 1966 fe fu chwech ohonon ni'n cysgu ynddi bob nos am wythnos. Os cysgu hefyd. Ochrau a tho tun oedd iddi a bydde cymaint o anwedd yn crynhoi o'i mewn dan y to fel y bydde diferion o ddŵr yn disgyn arnon ni fel diferion o law. Dyna ystyr newydd i gael cawod yn y bore. Hyd yn oed petai hi'n glawio, bydden ni'n sychach y tu allan!

Rhwng y cyfnod hwnnw yn Nosbarthiade Un a Dau yn ysgol Tregaron pan weles i Tegs am y tro cynta ac yna cwrdd â hi o ddifri a phriodi, fe lifodd llawer o ddŵr o dan y bont. Fe ddechreuon ni fynd allan gyda'n gilydd o ddifrif yn 1968 ac fe wnaethon ni ddyweddïo yn Llunden, fel y sonies i'n gynharach, ac yna, dyma briodi ym mis Medi 1970. Fy ngwas priodas oedd Dai fy mrawd. Tom Roberts, bugail Tegs o Landdewi-brefi, a Brian Gruffydd, fy mugail i yn y Bont, oedd yn gwasanaethu. Bu Brian yn chwarae pêl-droed dros y Bont hefyd, chwaraewr cadarn a chaled, a gŵr hyfryd iawn.

Roedd diwrnod y briodas yng Nghapel Peniel, Blaenpennal, yn annhymorol o braf ond roedd Tegs awr yn hwyr yn cyrraedd y gwasanaeth yn y capel, lle ry'n ni nawr yn aelode ar ôl symud i hen gartref Tegs i fyw. Roedd bechgyn lleol wedi torri coed i lawr ar draws y lôn i atal y ceir ac wedi clymu drws y tŷ wrth goeden fel na alle ei thad fynd allan i odro. Bu Brian Gruffydd a fi'n trafod pêl-droed am awr wrth ddisgwyl i Tegs gyrraedd.

I fflat yr aethon ni i fyw gynta, yn Rhif 7 High

Street yn Aberystwyth, y drws nesa i dafarn y Ship and Castle. Un o amode rhentu'r fflat oedd na fydden ni'n cadw unrhyw anifail anwes. Ond roedd ganddon ni gwrci, sef Tomos. Un diwrnod fe ddywedodd perchennog y fflat y bydde hi'n galw i'n gweld. Gan ein bod ni'n torri rheole'r denantiaeth fe benderfynodd Tegs guddio'r cwrci drwy ei gau mewn toiled a oedd y tu allan i'r fflat. Un bach oedd Tomos, yn iau na blwydd oed. Wedi i'r perchennog adael fe aeth Tegs draw i ryddhau'r cwrci. Yno yr oedd e, prin yn fyw, gan ei fod e bron â boddi yn y dŵr yn y pan. Roedd y creadur bach wedi disgyn i'r pan ac wedi methu dod allan. Fe arhosodd Tegs adre o'r gwaith yn bwydo'r cwrci â brandi a'i roi i orwedd o flaen y tân trydan. Roedd e'n dioddef o hypothermia.

Ar y pryd rown i wrthi'n codi ein cartre cynta yng Nghapel Seion, tua phedair milltir i'r dwyrain o Aberystwyth. Rown i'n gweithio yn y brifysgol erbyn hyn a Tegs yn gweithio yn y Llyfrgell Genedlaethol wedi iddi fod yn astudio yng Ngholeg Llyfrgellwyr Cymru. Ein gobaith oedd prynu tŷ newydd yn Llanilar. Ond er gwaetha'r ffaith fod y ddau ohonon ni mewn gwaith, roedd pen draw ar yr arian y medren ni gael ei fenthyg. Pris y tŷ yng Nghwm Aur, Llanilar, bryd hynny oedd £4,750, pris oedd ychydig y tu hwnt i'n cyrraedd. Felly, yr hyn wnaethon ni oedd chwilio am lain addas o dir, ac fe wnaethon ni brynu un gan Dan ac Ann Jenkins yng Nghapel Seion. Roedd modd codi'r tŷ am ychydig o dan £4,000.

Heddiw, fe fydde'n llawer mwy anodd am nad yw plotie unigol yn hawdd eu cael gan mai fesul stadau mawr y caiff tai eu codi. Nid yw hyn yn ateb y galw am gartrefi cychwynnol. Beth bynnag, pan oedden ni'n codi'r tŷ roedd Lewis a Leah Bennett yn byw gerllaw yn Nhafarn Crug Isaf. Ni oedd y cynta i godi tŷ yn yr ardal yr adeg honno ac fe fydde Lewis, fel darpar gymydog da, yn cadw golwg barcud ar y safle. Fe soniais i wrth Lewis am anffawd y cwrci. Dyma ynte'n adrodd y stori wrth Leah. Yn anffodus fe gredodd hi mai rhyw Mr Thomas roedd hi'n ei adnabod oedd bron wedi boddi mewn toiled yn High Street, yn hytrach na Tomos y cwrci.

Mater o hap a damwain, mae'n debyg, fu penderfynu ar Gapel Seion fel man i godi tŷ. Y peth pwysica oedd ei fod e o fewn cyrraedd hawdd i Aberystwyth a'r plot hwn ddaeth gynta. A dyma neidio ar y cyfle. Fe'i codwyd gan gwmni Moulton, Aberaeron, yn gyfuniad o dŷ *prefab* ac un traddodiadol. Roedd y waliau allanol wedi'u llunio ymlaen llaw ond y waliau tu mewn wedi'u llunio o flociau. Fe wnaethon ni enwi'r cartref newydd yn Rhos Helyg, testun cywydd enwog B T Hopkins. Roedd B T yn byw ym Mlaenpennal ac yn ffrind mawr i dad Tegs.

Y bwriad oedd codi'r byngalo cyn camu ymlaen i rywle arall. Ond roedden ni mor hapus yno, ac aros yn y tŷ hwn wnaethon ni am 38 o flynyddoedd. O fewn tua blwyddyn i ni symud yno fe wnaethon ni ailsefydlu Aelwyd yr Urdd. Fe wnaeth tri neu bedwar pâr priod ifanc arall ddilyn ein hesiampl ni a phrynu plotiau a chodi tai yn y cylch, a bu hyn yn gymorth i gryfhau'r gymdeithas gan fod llawer o'r newydd-ddyfodiaid yn cynnwys nifer dda o blant.

Yn ddiweddarach fe aethon ni ati i roi cychwyn ar gymdeithas ddrama yn y cylch. Down i ddim yn actio ond fe wnes i gyfarwyddo. Menter arall fu cychwyn tîm pêl-droed yn yr ysgol. Fe wnaethon ni fabwysiadu crysau gyda chwarteri glas a gwyn, tebyg i rai Blackburn Rovers, a bu'r ddau fab, Llŷr a Siôn, yn aelode o'r tîm. Fel arfer, pan fyddwn i'n gwylio gêm bêl-droed fe fyddwn i'n gymharol bwyllog, ond wrth wylio tîm yr ysgol yn chwarae byddwn i'n colli 'mhen yn llwyr.

Fe wnaethon ni hefyd roi cychwyn ar garnifal blynyddol. A'r peth mwya cyffrous fu cychwyn cystadleuaeth tynnu rhaff. Mae pentre Capel Seion yn rhannu'n bedair ardal, mewn gwirionedd. Yr ardal gynta, wrth deithio o Aberystwyth yw Moriah; yna daw'r pentre ei hun; wedyn, Pant-y-crug, lle rown i'n byw, ac yn ola, Pisgah, lle mae tafarn yr Halfway. Roedd y cystadlu rhwng y pedair bro yn anhygoel; roedd yna weiddi a bustachu a thynnu!

Swydd arall oedd gen i oedd tynnu llunie ar gyfer y papur bro lleol, *Y Ddolen*. Roedd ganddon ni gamera cymunedol a phan fydde digwyddiad yn y pentre, cyflwyniad o ryw fath neu'i gilydd, fi fydde'n gofalu am dynnu'r llunie a'u datblygu nhw yn y stafell dywyll yn y gwaith yn ystod yr awr ginio.

Felly, mewn cyfnod pan oedd diboblogi'n rhemp yng nghefn gwlad, cafwyd mewnlifiad o deuluoedd Cymraeg i Gapel Seion a arweiniodd at sefydlu neu ailsefydlu gweithgaredde lu. A dyna pam y gwnaethon ni benderfyniad i beidio â symud oddi yno i ardal arall tan yn ddiweddar iawn.

Dros y blynyddoedd fe wnes i ychwanegu at faint y byngalo a chreu gardd. Yn ganolbwynt i'r ardd roedd presant priodas yn wreiddiol, sef coeden cnau Ffrengig. Yn wir, fe wnaeth Tegs a finne dderbyn nifer o blanhigion hefyd gan Wil John ar gyfer creu clawdd i amgylchynu'r tir o gwmpas y tŷ. Wna i ddim awgrymu ble gafodd e'r coed ond roedd Wil yn gweithio i'r Comisiwn Coedwigaeth!

Ond y goeden cnau Ffrengig oedd yr un fwya arbennig. Fe'i cefais gan Wncwl Andy Cierpitsz, priod Anti Olwen. Roedd e'n byw yn Hendon yn Llunden, ac fe fydde fe'n tyfu coed cnau o'r gneuen. A dyma fe'n cyflwyno i fi goeden fach tua phedair troedfedd o daldra, ond rown i'n ame'n fawr a wnâi hi dyfu yng Nghapel Seion. Fe es i â'r goeden 'nôl i gartref Anti Sal yn Bermondsey, lle rown i'n sefyll a'i gadael yn y sied yno gan lwyr anghofio amdani.

Chwe mis yn ddiweddarach roedd Tegs a finne 'nôl yn Llunden. A dyma Wncwl Andy yn gofyn hynt a helynt y goeden. Fe fu'n rhaid dweud celwydd wrtho a honni i mi blannu'r goeden ond nad oedd fawr o lewyrch arni oherwydd y tywydd gwlyb ac oer. 'Nôl â fi at Anti Sal i ofyn iddi beth oedd hanes y goeden. 'O, mae hi y tu ôl i'r sied,' medde hi. 'Fe wnes i roi cynnig ar ei llosgi hi, ond fe fethes i. Rwy wedi meddwl ei thaflu hi ers tro.' Fe wnes i gydio yn yr ychydig oedd ar ôl o'r goeden wedi iddi oroesi'r tân a mynd â hi adre gyda fi yng nghist y car. Yna, fe'i plannes yn yr ardd heb fawr o obaith y gwnâi hi dyfu. Ond drwy ryw ryfedd wyrth fe gydiodd. Fe dyfodd yn goeden ugain troedfedd o uchder ac fe gaen ni gnwd o gnau oddi arni bob hydref. Ac yno yng ngardd Rhoshelyg y mae hi o hyd, yn dal i gynhyrchu cnau ac yn gysgod rhag yr haul yn yr haf.

Yn anffodus, wnaeth y gymdeithas Gymraeg ddim parhau i dyfu yn y fro. Pan oedd y mab hynaf, Llŷr, yn yr ysgol fach roedd dros 90% o'r plant yn dod o blith teuluoedd Cymraeg. Bedair blynedd yn ddiweddarach, a Siôn yn dechrau yn yr ysgol, roedd y ganran o blant Cymraeg lleol wedi gostwng i lai na 60%. Un rheswm dros hyn oedd fod nifer o'r teuluoedd ifanc a godasai dai yn yr ardal wedi codi eu pac a symud i dai mwy o faint mewn ardaloedd eraill. Ac i gymryd eu lle daeth pobol wedi ymddeol, a newydd-ddyfodiaid o'r tu hwnt i Gymru.

Digwyddiad arall a gafodd effaith andwyol ar y gymdeithas leol fu'r holl ymgecru am ddyfodiad menter Rhoserchan, canolfan adfer pobol oedd yn gaeth i gyffuriau ac alcohol. Yn bersonol fe fedrwn i weld manteision Rhoserchan, o reoli'r ganolfan yn iawn. Ond roedd hi'n amlwg hefyd i'r bwriad achosi llawer o boen meddwl i bobol y fro.

Erbyn hyn, mae'n amlwg i'r ganolfan ddod â bendithion i nifer o bobol oedd yn gaeth i gyffuriau ac alcohol. A hyd y gwn i, chafwyd fawr o'r probleme a ragwelwyd yn yr ardal. Ar y pryd, fi oedd Cadeirydd Cymdeithas Capel Seion. Roedd rhai pobol leol o blaid, yn cynnwys y gweinidog lleol, Maldwyn Pryse a'r meddyg teulu, Richard Edwards. Y diweddar Tom Davies wedyn, un o drigolion y pentre ac un roedd gen i barch mawr iddo ef am ei safiad dewr iawn. Fe fedra i ei gofio fe'n sefyll ar ei draed yn dadlau o blaid y fenter mewn cyfarfod cyhoeddus lle roedd

99% yn erbyn y datblygiad. Gwrthodwyd y cynllun yn wreiddiol gan y Cyngor Sir ond yn dilyn apêl, fe'i derbyniwyd ac yn ffodus ni wireddwyd yr ofnau. Erbyn hyn mae'r ganolfan wedi symud i ardal arall yn ymyl Penrhyn-coch.

Rwy'n gweld eisiau Capel Seion yn fawr. Ond mae byw ym Mlaenpennal wedi agor dryse eraill. Mae'r gymdeithas yn wahanol ac mae Tegs a finne wrth ein bodd yno. Yng Nghapel Seion roedden ni'n ifanc pan wnaethon ni ymsefydlu yn y pentre, a daethon ni'n rhan o gymdeithas ifanc. Yma ry'n ni'n rhan o gymdeithas lle mae'r mwyafrif yn bensiynwyr. Ydi, mae hi'n gymdeithas wahanol, yn gymdeithas gefn gwlad go iawn. Ac mae yna wahaniaeth rhwng cymdeithas gefn gwlad a chymdeithas sy'n bodoli'n agos i'r dre.

Pennod 6

DDECHRAU 1987 ROWN I yn y car ar fy ffordd i'r gwaith, a Tegs gyda fi. Ar y radio roedd Hywel Gwynfryn yn siarad ar *Helo Bobol*. Ei neges oedd fod Megan Tudur yn rhoi'r gore i fod yn ohebydd lleol a bod yna groeso i unrhyw un â diddordeb gysylltu â'r rhaglen. Rwy'n cofio'n glir ble roedden ni – yn cyrraedd y gyffordd rhwng ffordd Pontarfynach a ffordd Aberaeron. A dyma fi'n dweud wrth Tegs, heb feddwl dim byd mawr ar y pryd, na fyddwn i'n meindio cynnig am y swydd.

Dyna i gyd ddigwyddodd ar y pryd. Ond yna, ychydig ddiwrnode'n ddiweddarach, fe ddaeth storom o eira, a finne gartre oherwydd y tywydd. Doedd gen i ddim byd i'w wneud, felly dyma feddwl eto am y swydd, ac am wneud cais i Radio Cymru. Fe lunies y cais a chael gwahoddiad i fynd am gyfweliad.

Y ddau oedd yn cynnal y cyfweliad yn y stiwdio – ar lawr uchaf Siambrau Cambria yng nghanol tre Aberystwyth bryd hynny – oedd Lena Pritchard Jones a Tomos Morgan. Mae Tomos yn dal i fod gyda'r BBC. Rhan o Adran Addysg y brifysgol oedd yr adeilad pan sefydlwyd y stiwdio yno, cyn iddo gael ei droi'n siop ffasiynau menywod. Fe es i'r cyfweliad, heb benderfynu mewn gwirionedd a fyddwn i – petawn i'n llwyddiannus – yn derbyn y swydd ai peidio.

Wn i ddim a wnaeth unrhyw un arall gynnig amdani, er efallai y byddai nifer wedi gwneud hynny, gan ei bod hi'n swydd fach ddeniadol iawn. Rown i wedi bod â diddordeb mewn pobol erioed. Yn blentyn, fe fyddwn i'n galw bron bob nos yn un o ddau weithdy crydd y pentre yn gwrando ar hanesion y bobol hŷn. Roedd holi pobol yn rhywbeth a ddeuai'n hawdd i mi a nawr byddwn i'n cael fy nhalu am wneud hynny wrth gael y swydd.

Y dydd Llun wedi'r cyfweliad fe dderbynies i alwad ffôn yn dweud mai fi oedd â'r swydd ac y dylwn godi'r allweddi ar gyfer y stiwdio. Bryd hynny, doedd neb yn y stiwdio'n barhaol, gan olygu bod y cyfranwyr rheolaidd yn gorfod agor a chloi'r lle eu hunain. Ond roedd Tom Evans, darlledwr profiadol iawn, â gofal cyffredinol am y lle. Roedd un swits fawr goch ger y drws yn cynnau neu'n diffodd y trydan a'r lein a gysylltai â Chaerdydd. Roedd yna fwy o switsys ar y bwrdd darlledu ar gyfer cynnau'r meic a rheoli lefel y sain. Gofynnwyd i fi gasglu'r peiriant recordio hefyd. Recordydd tâp Uher oedd e, sef y math ar beiriant recordio a oedd yn safonol bryd hynny. Heddiw, yn yr oes ddigidol, mae'r hen Uher yn beiriant cyntefig iawn.

A dweud y gwir, teimlwn braidd yn euog gan nad own i'n sicr o hyd a fyddwn i'n cymryd y swydd. Rown i eisoes wedi gwrthod swydd gan LKB ac roedd y penderfyniad hwnnw'n dal i godi amheuon a own i wedi gwneud y peth iawn. Felly dyma benderfynu, er gwell neu er gwaeth, ei derbyn. Wedi'r cyfan, doedd gen i ddim byd i'w golli gan y byddwn i'n dal yn gyflogedig gan y coleg.

Fe gefes i dragwyddol heol gan y coleg i ymgymryd â'r gwaith, gan mai gyda'r nos ac ar benwythnose byddwn i'n gwneud y gwaith ychwanegol hwn. Gyda'r nos ac ar benwythnose hefyd y byddwn i'n torri'r eitemau. Ar y dechrau bydde golygu eitem yn cymryd awr neu ddwy, felly doedd e ddim yn waith hawdd. Ond fe fu Dr Richard Kemp, fy mhennaeth yn yr adran yn y coleg, yn barod iawn ei ganiatâd a'i gydweithrediad.

Ches i ddim hyfforddiant, ar wahân i gyfarwyddiade technegol sut i farcio a thorri tâp. Heddiw, wrth gwrs, does yna ddim torri llythrennol gan fod y cyfan yn ddigidol. Ond doedd yna ddim hyfforddiant ffurfiol sut i lunio eitem. Hwyrach mai'r bwriad oedd rhoi rhyddid i wahanol ohebyddion lunio'u storïe yn eu gwahanol ffyrdd eu hunain fel bod yna amrywiaeth o fewn y rhaglen. Wn i ddim. Felly, fe ges i fy nhaflu i'r pen dyfna cyn i fi ddysgu nofio, fel petai. Yr hyn wnes i oedd gwrando ar ffyrdd ac arddullie gohebyddion eraill o greu a chyflwyno'u heiteme.

Drwy dderbyn y swydd, rown i nawr yn un o rwydwaith o ohebyddion *Helo Bobol* ledled Cymru, pobol fel Goronwy Evans yn Llambed, Merfyn Davies yn y gogledd-ddwyrain, Arwyn Davies yn ardal Caerfyrddin a Catrin Stephens yn ardal Abertawe. Rown i'n ddarllenwr brwd o bapure newydd, yn cynnwys y papure lleol, cyn hynny. Ond nawr roedd angen talu mwy o sylw iddyn nhw yn y gobaith o godi stori. Roedd hi hefyd yn bwysig meithrin cysylltiade yn fy mhatshyn i, i'r gogledd o afon Aeron yr holl ffordd i fyny at Benrhyndeudraeth. Fi fy hunan fydde'n gyfrifol am ddod o hyd i 90% o'r eiteme. Fe ddangoses i fy niffyg profiad wrth baratoi fy eitem gynta. Eitem ar ddathlu canmlwyddiant Clwb Rygbi Coleg y Brifysgol yn Aberystwyth oedd hi. Y camgymeriad cynta wnes i oedd cynnal y cyfweliade â'r swyddogion o gwmpas y bwrdd yn y stiwdio yn hytrach na chreu awyrgylch drwy eu holi mewn sefyllfa fyw ar y cae rygbi ar yr ystlys adeg gêm, neu yn y clwb wedyn.

Fe anfones i'r tâp i lawr y lein i Gaerdydd ar 5 Mawrth 1987. Fe wna i gofio hynny am byth gan mai hwn oedd diwrnod fy mhen-blwydd yn ddeugain oed. Mae yna hen ddywediad sy'n honni bod bywyd yn cychwyn pan y'ch chi'n ddeugain. Yn fy achos i, roedd e'n wir gan mai hwn oedd y cam cynta tuag at newid fy mywyd i'n llwyr. Rown i'n llawn gobeithion pan wnes i anfon y tâp. Ond buan y ces i fy nadrithio wrth i lais Tomos Morgan ddweud bod yr eitem yn llawer rhy hir, a hefyd yn llawer rhy isel o ran lefel y sain. A'r neges oedd y bydde angen i fi recordio'r eitem unwaith eto. Wnes i ddim gaddo'n bendant, dim ond dweud, 'Gawn ni weld.'

Fe es i 'nôl at Tegs yn y car yn isel fy ysbryd. A'r geiriau wnes i eu defnyddio wrthi oedd, 'Pam ddiawl ydw i wedi cymryd at y busnes 'ma!' Ond do, fe wnes i fynd ati i ailrecordio'r eitem ac fe wellodd pethe wedi hynny.

Roedd y raddfa gyflog yn ddiddorol. Fe fydde yna swm penodol am eitem o ddwy funud, mwy am eitem o dair munud a mwy eto am eitem bedair munud. O'r herwydd bydde modd sicrhau y bydde eitem, dyweder, ychydig eiliade dros dair munud. Hynny yw, fe fyddwn i'n derbyn mwy am eitem oedd yn para 03.01 nag y byddwn i am eitem yn para 02.59. Yn anffodus, bydde rhywun yng Nghaerdydd weithie'n golygu'n llym gan dorri eiliad neu ddwy i ffwrdd, a finne o'r herwydd ar fy ngholled. Yn ogystal â'r taliade am eiteme, cawn hefyd goste teithio a choste ffôn. Roedd y cyfan yn atodiad bach derbyniol, o feddwl bod y plant yn fach, a finne â morgais i'w dalu.

Yn fuan iawn fe ddechreues i hefyd gyfrannu eiteme chwaraeon i Emyr Wyn Williams, cynhyrchydd *Byd y Bêl* ar Sadyrnau, gan ychwanegu at y gyflog ran-amser. Yn ystod fy haf cynta fel gohebydd fe ofynnodd Emyr i fi baratoi rhaglen hanner awr ar chwaraewyr pêl-droed lleol. Y cynta a ddaeth i 'meddwl i oedd Wil Lloyd, cyfaill agos a oedd wedi ennill capie dros Gymru ac yn chware dros Aberystwyth. Roedd Wil newydd roi'r gore i chware ar y lefel ucha. Ar yr union adeg hefyd roedd David Williams, a gâi ei adnabod fel Dias, wedi gadael y lefel ucha i gychwyn tîm yn y Trawscoed. Fel Wil, roedd e'n gyfaill plentyndod o'r Bont. A chyd-ddigwyddiad arall oedd fod trydydd chwaraewr, Tomi Morgan, wedi derbyn awenau rheolwr Aberystwyth ar ôl chwarae am flynyddoedd dros y clwb hwnnw. Tri o sêr lleol, felly, yn troi cefn ar y lefel ucha ond yn parhau yn y gêm.

Rown i'n recordio'r rhaglen fis Awst. O fewn ychydig fisoedd fe fu farw Dias yn 39 oed. Eironi trist oedd y ffaith 'mod i wedi enwi'r rhaglen, ar gyfer yr hysbysiad yn y *Radio Times*, yn 'Amser Ychwanegol'. Chafodd Dias, druan, ddim amser ychwanegol.

Un anfantais nawr oedd fod gofyn i fi gadw cyfrif manwl o'm henillion ar gyfer awdurdode'r Dreth Incwm. Ac yn rhyfedd iawn fe gafodd y Dreth Incwm ddylanwad ar un o'r eiteme cynta i fi eu recordio erioed ar gyfer *Helo Bobol*. Ar fferm Morfa Du ar y Mynydd Bach – hen gartref Prosser Rhys, gyda llaw – roedd dau frawd wedi atgyfodi'r grefft o wneud megine. Roedd Ifan a Brynli yn ddau gymeriad cwbwl wahanol, y naill yn bwyllog ac araf ei sgwrs tra bod y llall yn fwy mympwyol a chwta. Rown i'n eu holi nhw yn y gweithdy ac yn eu cael nhw i sgwrsio i gefndir eu sŵn nhw'n gweithio, er mwyn ychwanegu awyrgylch i'r eitem. Rown i wedi dysgu gwers gyda'r eitem gynta honno. Yn rhyfedd iawn roedd eu hymateb i'r cwestiyne'n hollol wahanol.

'Odych chi'n cael llawer o waith?'

'Ydyn,' medde Brynli, 'fe synnet ti gymaint sy'n galw i archebu ac i brynu.'

'Na,' medde Ifan, 'dy'n ni ddim yn gwneud llawer. Dim ond digon i gadw'r diddordeb.'

Holi wedyn. 'Trwsio hen fegine fyddwch chi neu neud rhai newydd?'

'Y ddau,' medde Brynli. 'Ond rhai newydd fyddwn i'n wneud fwya.'

'Na,' medde Ifan, 'trwsio hen rai fyddwn ni gan amla.'

Ar ôl gorffen holi'r ddau, dyma fi'n gofyn i Ifan pam roedd e a'i frawd yn anghytuno gymaint? Ac

Yr Hwn Ydwyf

Ifan yn ateb yn hamddenol, 'Diawl, mae'n rhaid bod yn ofalus. Dwyt ti byth yn gwybod pwy sy'n grondo. Galle Dyn yr Incym Tacs diawl yna fod yn grondo, er enghraifft.'

Ac oeddwn, rown i'n medru cydymdeimlo'n llwyr ag Ifan.

Y math yna o storïau fyddwn i'n hoffi eu paratoi. Hanes rhywun oedd yn berchen ar hers ceffyl, er enghraifft. Hanes merch o Dal-y-bont wedyn, sef Catrin a oedd wedi cael aren newydd, a hynny mewn cyfnod pan oedd llawdriniaethau o'r fath yn bethe prin. Mae yna gred fod cymeriadau cefn gwlad wedi diflannu, ond dyw hynny ddim yn wir. Dwi'n cofio mynd i 'breimyn' yn Llanilar a chael cyfle i holi aelode Clwb Ffermwyr Ifanc Lledrod am eu hargraffiade o'r hen grefft o aredig. Ar ddiwedd y cyfweliad ces y cwestiwn: "Fyddwn ni'n ca'l 'yn talu am hyn?"

Atebes inne: "Na mae'n ddrwg gen i, fydd dim tâl am eitem fel hon."

Heb swnio'n haerllug daeth yr ymateb "Byddwch chi siŵr o fod yn derbyn tâl".

Atebes: "Bydda i'n cael arian baco falle!"

Fel ergyd o wn daeth yr ateb "Diawl i chi bown o fod yn smocio'n drwm te." Odyn, ma'r cymeriade chwim eu meddwl yn dal i fodoli a diolch am hynny.

Fydde pethe ddim yn gweithio mor rhwydd bob amser. Rwy'n cofio mynd i holi menyw o Lanrhystud a oedd wedi bod yn mynd â phapure newydd o dŷ i dŷ bob bore am hanner can mlynedd. Ar ôl paned, a hithe'n siarad fel pwll y môr, fe wnes i gychwyn y peiriant recordio. A dyma hi'n rhewi gan ateb pob cwestiwn gydag un gair: 'Odw', neu 'Nadw'. Yna fe ges i weledigaeth. Roedd ei gŵr hi yn y gegin ac fe wnes i ddechre ei holi fe. Ac ynte'n ateb. Wedyn fe fydde'i wraig yn ei gywiro. A thrwy olygu llais ei gŵr allan o'r sgwrs fe lwyddes i gael eitem.

Nawr ac yn y man fe godai stori newyddion. Fe fyddwn i'n trosglwyddo'r rheiny ymlaen i rywun o'r Adran Newyddion. Ond roedd y drws yn agor ar gyfer gwaith y tu hwnt i *Helo Bobol* ac fe wnes i lunio nifer o gyfresi byrion. Yn ogystal ag eitemau chwaraeon bydde *Diwrnod Plant mewn Angen* yn achlysur pwysig, gyda Glan Davies yng ngofal criw mawr ohonon ni o saith o'r gloch y bore tan wedi hanner nos. Ac er mai diwrnod yn unig oedd hwn, bydde'r gwaith paratoi'n digwydd gydol y flwyddyn. Cofio'n dda am un noson *Plant mewn Angen* i mi dderbyn galwad ffôn tua hanner nos a'r galwr yn gofyn am siarad â'r bòs. Roedd Glan yn darlledu ar y pryd ond mynnodd y galwr gael ei ffordd. Aeth Glan at y ffôn a dyma'r galwr yn ei gyfarch gyda'r geirie "Helô, Mr Wogan!"

Ar ôl dwy flynedd gyda *Helo Bobol* fe ges i gynnig ymuno â'r BBC yn llawn amser. Digwyddodd hyn yn dilyn y penderfyniad i ddod â *Helo Bobol* i ben a sefydlu'r rhaglen *Heddiw*, rhaglen fwy caled ei natur gyda'r pwyslais ar newyddion. Roedd y rhaglen dan adain Ifan Wyn Williams, a oedd yn atebol i'r Pennaeth Newyddion, Gwilym Owen. Yn cyflwyno roedd Vaughan Hughes a Russell Isaac. Nawr, rown i mewn sefyllfa ryfedd. Roedd hon yn swydd ac eto doedd hi ddim yn swydd. Er nad oeddwn i'n aelod o staff y BBC, eto roedd gen i sicrwydd o swm penodol o arian yn flynyddol. Ond gan fy mod yn cael cynifer o gyfleoedd – fe fyddwn i, er enghraifft, yn cyfrannu hefyd at Radio Wales – fe fyddwn i wedi ennill y swm gwarantedig ymhell cyn diwedd y flwyddyn.

Roedd gadael gwaith rheolaidd gyda chyflog ar ddiwedd pob mis gan gynnwys pensiwn yn gryn risg, a doedd dim gwarant ymhellach na dwy flynedd yn y swydd newydd. Ond roedd yr arian gryn dipyn yn well, er fy mod i erbyn hynny wedi cyrraedd y radd ucha y medrwn ei chyrraedd yn y coleg. A doedd dim orie penodol o weithio o naw tan bump.

Hon, nawr, oedd y drydedd groesffordd i fi ei hwynebu. Roedd y ffaith fod John Lewis hanner modfedd yn rhy fyr wedi fy atal rhag cymryd llwybr gwahanol y tro cynta, ac ymuno â'r heddlu. Yna, roeddwn wedi gwrthod cynnig cwmni LKB yn 1982. Y tro hwn fe wnes i benderfynu mentro a dilyn ffordd wahanol o weithio.

Fu hi ddim yn anodd i mi symud o eiteme ysgafn at newyddion. Er nad own i wedi derbyn cymaint â diwrnod o hyfforddiant newyddiadurol rown i'n gyfarwydd iawn, drwy fy swydd yn y coleg, â gwneud gwaith ymchwil. Roedd gwaith gwylio ac adrodd yn ôl yn waith bob dydd. Craidd y peth yw darganfod beth sy'n digwydd ac yna sôn am hynny.

Roedd hi'n bwysig nawr fy mod yn pori fwyfwy mewn gwahanol bapure a chyfnodolion rhag ofn bod ynddyn nhw stori a oedd wedi llithro drwy'r rhwyd. Mewn papur bro o dde'r sir rwy'n cofio dod ar draws hanes gŵr cyfoethog a oedd wedi gadael arian yn ei ewyllys i Blaid Cymru, Cymdeithas yr Iaith Gymraeg a Merched y Wawr. Doedd y stori ddim ar y dudalen flaen. Yn hytrach roedd hi'n bumed paragraff o dan hanes lleol Llanwenog. Ond i fi roedd hi'n stori newyddion dda.

Roedd dod o hyd i gysylltiade'n bwysicach nawr hefyd. Hynny yw, creu cysylltiade ymhlith arweinyddion llywodraeth leol, yr heddlu, yr undebe amaethyddol – yn wir, unrhyw gorff cyhoeddus neu breifet. Rown i'n gyfrifol am ardal eang, sef y Canolbarth yn gyfan, o dde sir Aberteifi draw at Landrindod a'r Trallwng ac i'r de o Ddolgellau.

Gyda storïe caletach roedd gofyn bod yn ddigon dewr i gyhoeddi stori, hyd yn oed os bydde'n rhaid sathru ar draed rhywun. Fy athroniaeth i bob amser oedd ceisio cadw mor agos at y gwirionedd ag sy'n bosibl. O wneud hynny, er gwaetha'r ffaith y bydd ambell un yn cwyno, roeddwn i'n medru gwarchod fy hygrededd.

Un broblem rwy wedi'i chael droeon yw pobol sy'n gwrthod cael eu holi am eu bod nhw'n teimlo nad yw eu Cymraeg nhw'n ddigon da. Mae hyn yn digwydd yn llawer rhy amal. Fy ymateb yw dweud wrthyn nhw y dylent ddefnyddio'u hiaith naturiol a pheidio â chymryd sylw 'mod i, fel holwr, yn defnyddio iaith sy'n ymddangos yn rhy gywir iddyn nhw.

O dderbyn swydd amser llawn, byddai fy mhatrwm gwaith yn newid yn sylweddol. Gynt, gyda'r nos ac ar benwythnose byddwn i'n gweithio. Bellach roedd gen i swydd a fydde'n galw arna i bedair awr ar hugain y dydd, bob dydd. Rwy'n cofio un noson, a minne'n mwynhau gwylio ffilm yn y sinema yn Aberystwyth, cael fy hysbysu ar fy mheiriant galw fod hofrennydd wedi disgyn a'i dryllio yn Nhal-y-bont. Dyma ddarganfod wedyn mai yn Nhal-y-bont ar Wysg yn hytrach nag yn Nhal-y-bont ger Aberystwyth y digwyddodd y ddamwain. Er hynny, fe es i yno a gweld bod y peilot wedi'i ladd. Fi oedd yr unig ohebydd yno, felly gofynnwyd i fi wneud adroddiade i Radio Cymru, Radio Wales ac ar gyfer rhwydwaith radio'r BBC yn Lloegr. A chael fy nhalu gan bawb, wrth gwrs! Cofiaf hefyd y diwrnod pan eisteddwn i gael cinio dydd Sul gyda'r teulu pan ganodd y ffôn. Y neges oedd bod tri wedi eu lladd mewn damwain car ger Llanfair-ym-Muallt. Bu'n rhaid mynd ar fy union i wneud eitem ar gyfer rhaglen Newyddion nos Sul a rhaglenni eraill fore trannoeth.

Yn y cyfamser rown i'n dal i gyfrannu i raglenni chwaraeon ar brynhawnie Sadwrn. Rown i'n rhan o dîm gyda Royston Woodward yn Abertawe a Gareth Jones ym Mangor gyda John Evans yn angori'r cyfan. Fi fydde'n darparu adroddiade a chanlyniade gême'r Canolbarth.

Nawr ac yn y man fe fyddwn i'n cael fy ngalw i lawr i Gaerdydd i gyfarfod â'r cynhyrchwyr a'u penaethiaid. Ac rwy'n cofio'n dda'r cyngor ges i gan y diweddar Gari Williams, 'Cadw mor glir ag y medri di o Gaerdydd a Bangor ac arhosa yn Aberystwyth.' Ond rown i'n falch o'r cyfle i fynd i lawr i gwrdd â gweddill y tîm. Roedd e'n gyfle i drafod ac i gymdeithasu. Ac yn falchach byth o ddod 'nôl i Aber.

Dydw i ddim yn credu y medrwn i weithio mewn swyddfa fawr agored ynghanol gohebyddion eraill.

Teimlad hyfryd yw gweld rhywun y bûm i'n ei holi flynyddoedd ynghynt yn dod yn enwog. Un o'r enghreifftiau gorau yw'r delynores Catrin Finch; fe wnes i ei holi hi pan nad oedd hi ond naw oed ac yn mynychu Ysgol Llan-non. Roedd hi'n delynores wych hyd yn oed bryd hynny. Heddiw mae hi'n fydenwog.

O 1989 hyd at 1996 rown i'n gweithio fel gohebydd rhydd-gytundeb gyda'r BBC. Ond rown i'n teimlo y dylwn i fod mewn swydd a mwy o sicrwydd iddi. Roedd fy nghytundeb yn cael ei adolygu bob dwy flynedd. Fe wnes i ystyried yn ddwys mynd i swydd arall, ond fe fu'r BBC yn ddigon caredig i 'mhenodi i fel aelod o'r staff.

Yn ystod fy nghyfnod gyda'r BBC bu'r stiwdio mewn tri lleoliad gwahanol yn Aberystwyth. Symudwyd o Siambrau Cambrian i Hen Dŷ'r Bad Achub yn Heol y Frenhines. Roedd offer llawer mwy soffistigedig yno, yn cynnwys adnodde stiwdio sain go iawn ac offer chwarae recordie. Ond doedd dim modd gwneud unrhyw deledu byw oddi yno gan nad oedden ni yng ngolwg mast Blaen-plwyf.

Daeth cyfle wedyn i symud i Adeilad Parry-Williams ar Gampws Penglais. Adeilad ar gyfer astudio'r cyfrynge yw hwn, felly mae'n addas fod yno stiwdio yn ogystal ag adnodde darlledu byw. Ar ben y to mae dysgl sy'n gyrru signalau tonnau meicro. Fel arall bydde'n rhaid gwario arian mawr ar osod cebl yr holl ffordd o'r dre i Flaen-plwyf. Oedd, roedd hi'n anfantais mynd allan o ganol y dref ond roedd y penderfyniad yn un call, un a gefnogwyd gan Aled Eurig, y Pennaeth Newyddion.

Pan sefydlwyd Radio Ceredigion yn 1993, rown i'n ofni y gallai ddwyn peth o 'ngwaith i, ac y bydde'n rhaid i fi fynd yn ôl i weithio'n rhan amser. Ond, diolch yn benna i Lyn T Jones, Golygydd Radio Cymru ar y pryd, ni newidiodd fy sefyllfa. Rown i yno i aros. Bu Lyn yn gefn mawr i mi mewn cyfnod o ansicrwydd ac mae 'nyled yn fawr iawn iddo.

Pennod 7

O'R DECHRE, BU PÊL-DROED yn ganolog i'm bywyd. Roedd Nhad yn arfer chwarae dros dîm gwreiddiol y Bont, a sefydlwyd yn 1947. Dydw i ddim yn ei gofio fe'n chwarae, ond mae'n debyg iddo sgorio gôl gofiadwy iawn i ennill y cwpan ar faes Coedlan y Parc, Aberystwyth, yn erbyn Tal-y-bont. Fe sgoriodd yr unig gôl, ergyd o tua ugain llath na chododd o'r ddaear. Yn ôl rhai oedd yn bresennol, fe losgodd y bêl lwybr drwy'r borfa!

Roedd rhai aelode o'r tîm cynta hwnnw'n dal i chwarae pan wnes i ddechre gwylio'r tîm pan own i'n blentyn. Y ddau gefnwr yn dal yno oedd Jim Jones a Moc Hughes, ac yn gefnwr canol medrus iawn roedd Terence Williams. Rwy'n cofio Rol Arch yn chwarae fel hanerwr chwith, a Berwyn Jones a John Ebenezer fel dau asgellwr. Ac mae'n siŵr fod dau neu dri o fyfyrwyr Coleg Sant Ioan, Ystrad Meurig, yno hefyd.

Rwy'n cofio y bydde'r tîm yn cael ei ddewis bob nos Lun yn y bacws, o gwmpas y ffwrn. Roedd dau o'n chwaraewyr ni, Non a Ronnie Evans, yn feibion y bacws, ac yno yn y cynhesrwydd yng nghanol arogl bara ffres y bydden ni'n cwrdd. Ein cryse ni oedd y cryse salwa a welwyd am gyrff unrhyw dîm pêl-droed erioed. Ian Huws, y golwr, ffeindiodd nhw i fyny ym Manceinion. Cryse brown gole fel caca llo bach oedden nhw, gyda choleri brown tywyll. Fe wnaethon ni dalu swllt yr un amdanyn nhw. Roedden nhw fel sache wedi'u lliwio.

Pêl-droed oedd y peth mawr o ddyddie'r ysgol gynradd. Mewn gême byrfyfyr gyda'r nos, fydde dim angen dewis time. Gan fod afon Teifi'n gwahanu'r pentre a hefyd yn gwahanu dau blwy, 'ochor hyn yn erbyn ochor draw' fydde'r waedd. Prun oedd yr ochr hyn a phrun oedd yr ochr draw? Roedd hynny'n dibynnu'n llwyr ar bwy bynnag fydde'n gweiddi. Mae yna stori 'mod i, er nad ydw i'n cofio hynny, wedi cyhoeddi'n hyderus un noson mai'n ochr ni fydde'n ennill. Fe ofynnodd rhywun pam own i mor siŵr. Ac fe wnes i ateb, 'Mae Iesu Grist o'n hochor ni!' Roedd dylanwad yr ysgol Sul yn gryf yn gynnar iawn yn fy mywyd.

Cyn fy mhlentyndod i, mae'n debyg mai'r rhaniad naturiol ar gyfer dewis time oedd ar sail y Bont a Ffair-rhos. 'Bont agenst Ffair-rhos!' fydde'r waedd. A Saesneg oedd iaith ffwtbol, wrth gwrs. Beth bynnag, bryd hynny wedyn, doedd dim angen dewis time. Roedd y rhaniad yn un naturiol.

Gême diddorol eraill, a chwaraeid tua dwywaith y flwyddyn, fydde Ffermwyr yn erbyn Bugeiliaid, neu 'Farmers versus Shepherds'. Fe wnaeth David Lloyd Jones, a fu'n chwarae yn y gôl i dîm y Bont, hysbysebu'r gêm fel 'Clod Bashers versus Sheep Slashers'. Heddiw, ni fydde digon o ffermwyr a bugeiliaid yn yr ardal i greu un tîm, heb sôn am ddau.

Pan own i tua naw oed fe ddechreuodd Wil Lloyd a finne drefnu gêm. Ar fore dydd Sadwrn fe fydde'r ddau ohonon ni'n seiclo i Dregaron i weld Moc Morgan, prifathro Ysgol Gynradd Tregaron ar y pryd. Yno y bydden ni'n trefnu gêm yn erbyn Tregaron. Ar gyfer gêm gartref fe fydden ni'n mynd ati i gasglu arian i brynu pêl. Fe fydden ni'n cofnodi pob cyfraniad mewn llyfryn – chwe cheiniog yma, swllt fan draw. Ac ar ôl i ni gasglu digon o arian fe fydden ni'n archebu pêl Maint Pedwar gyda Dai Crydd yn ei weithdy. Ac yna fe gyrhaeddai'r bêl mewn da bryd ar gyfer y gêm. Fe gâi'r llyfr cownt ei arddangos wedyn yn un o'r siope er mwyn profi i ni wario'r arian a gasglwyd yn gywir.

Yn Siop Florida, neu siop Dic Rees, y câi'r llyfr ei arddangos fel arfer. Ond fe gâi'r tîm ei arddangos ar boster yn ffenest siop Nansi Arch. Y tu ôl i enw pob chwaraewr, mewn cromfachau, bydde enw ei hoff dîm: Wil Hopkins (Arsenal), Wil Lloyd (Wolves), a fi, John Meredith (Cardiff City). Ac rwy'n dal i'w cefnogi nhw. Ond fe ddaeth yna broblem unwaith wrth i ni ddod at enw Michael Williams neu Tangy i ni. Wydden ni ddim pa dîm roedd e'n ei gefnogi. Bob tro y byddwn i'n mynd i Lunden i aros gyda'm hewythr, fe fydde hwnnw'n mynd i weld Millwall yn chwarae. Felly dyma ni'n penderfynu y câi Michael gefnogi Millwall. Ac fel M Williams (Millwall) y cafodd ei roi ar y poster bob tro y bydde'n chwarae i ni.

Yn ogystal â phrynu'r bêl, gyda Dai Crydd bydden ni hefyd yn prynu'n sgidie pêl-droed. Yn wir, siop

Dai fydde ynys y trysor i ni, fechgyn. Rwy'n cofio sgidie coch wedi'u cymeradwyo gan Tom Finney yn ymddangos, rhai llawer mwy meddal na'r rhai cynt. Yna fe gafwyd y sgidiau Continental, a oedd wedi'u torri'n is i lawr na'r pigwrn. A Nhad yn anfodlon iawn 'mod i'n gwisgo'r rheiny am nad oedden nhw'n amddiffyn y pigyrne.

Fwy nag unwaith rwy wedi bod yn ymwybodol fod fy nghenhedlaeth i wedi bod yn dyst i sawl newid. Ac unwaith eto, ein cenhedlaeth ni o blant oedd yr ola i ddefnyddio sgidie â blaene caled a styds lledr oddi tanyn nhw, yn ogystal â chicio peli wedi'u clymu â charrai drwchus. Dyma'r math o beli a werthai Dai. Mewn tywydd gwlyb, roedden nhw'n mynd yn rhy drwm, bron, i neb fedru eu cicio. Ac fe fydde penio'r bêl yn beryg bywyd pe deuai'r garrai i gysylltiad â'ch talcen.

Yn Nhregaron fe fydden ni'n chwarae ar y cae bach ger Bryntirion. Ac yn y Bont roedd y llain lle mae'r neuadd nawr, rhwng y cae chwarae a'r ffordd fawr, sef y Cae Top. Ar ôl dewis y tîm fe fydde Wil Lloyd a finne'n seiclo o gwmpas i hysbysu'r gwahanol chwaraewyr. Un tro fe seiclodd Wil a fi filltir neu fwy i atgoffa Arwyn Hughes, Brynhope, am ryw gêm neu'i gilydd oedd i'w chwarae'r diwrnod canlynol. A dyma ofyn iddo pa un oedd ffordd fyrra ar gyfer seiclo adre. Fe gyfeiriodd Arwyn ni at lwybr ar gyrion y gors. Y bore wedyn rown i'n ei chael hi'n anodd symud. Roedd rhyw hen bryfed wedi 'mrathu i'r tu ôl i 'mhengliniau, pryfed a gâi eu hadnabod fel Cŵn y Gors – enw da, gan eu bod nhw'n cnoi fel Jack Russells. Roedden nhw wedi 'nghnoi i mor ddrwg fel na fedrwn i blygu 'mhengliniau o gwbwl. Ac oherwydd hynny fe fethes i chwarae.

Roedd y gême rhyngon ni a Thregaron yn ddigon cyfartal gan fod chwaraewyr da yn y ddau dîm. Fe ddaeth Wil Lloyd yn chwaraewr gwych, a mynd ymlaen i serennu yng Nghynghrair Cymru, wrth gwrs. Yn Nhregaron roedd bechgyn dawnus iawn fel Gwyn Jones a Dai Light.

Fe fydde Moc Morgan yn dod i ddyfarnu'r gême hyn. Ac roedd ynte, wrth gwrs, yn chwaraewr peryglus a fu'n chwarae dros Dregaron a'r Bont. Yn wir cofiaf chwarae yn yr un tîm ag e pan oedd yn ei bedwardegau a minne yn fy arddegau.

Fe fu cael mynd i Ysgol Uwchradd Tregaron yn agoriad llygad. Y polisi swyddogol yno oedd fod yna dymor i bêl-droed, tymor i rygbi a thymor i griced. Fe barhaodd y polisi hwnnw tan fy nhrydedd flwyddyn pan gafodd chwarae pêl-droed ei wahardd. Fe gawson ni brifathro newydd wrth i D Lloyd Jenkins ymddeol ac fe ddaeth Glyn Ifans yn ei le. Ond cyd-ddigwyddiad oedd hynny achos dydw i ddim yn meddwl mai penderfyniad ar ran y prifathro newydd oedd e.

Hyd yn oed cyn hynny, ychydig iawn o ysgolion oedd yna y medren ni chwarae pêl-droed yn eu herbyn, dim ond Aberaeron a Llambed. Rygbi yn unig oedd polisi'r gweddill. Pan wnaed y penderfyniad i wahardd pêl-droed, rown i'n teimlo'n flin iawn. Pêl-droed oedd y gêm yn y Bont, Llanddewi a Thregaron a thra oedd chwarae rygbi'n iawn, doedd hi ddim yn deg nad oedd pêl-droed hefyd ar y cwricwlwm. A meddyliwch yr eironi. Fy ffrind agos, Wil Lloyd, yn ennill cap pêl-droed dros ysgolion Cymru gan ddod â chlod i ysgol Tregaron ond ei ysgol, ar y llaw arall, heb fod yn arddel y gêm.

Fe amlygwyd y tyndra rhwng pêl-droed a rygbi un dydd Sadwrn pan oedd Cymru'n chwarae gêm ryngwladol ar Barc Ninian a'r ysgol yn chwarae rygbi yn erbyn Coleg Llanymddyfri. Yma eto roedd annhegwch. Pan fydde Cymru'n chwarae gêm rygbi ryngwladol, ni fydde gêm gan yr ysgol er mwyn i bawb ohonon ni fedru gwylio Cymru. Beth bynnag, roedd Wil Lloyd wedi llwyddo i gael tocynnau ar gyfer gêm bêl-droed Cymru a'r ddau ohonon ni, yn ogystal â John Lewis a Mike Roberts, wedi trefnu i fynd i Gaerdydd. Ond pa esgus fedren ni ei roi dros beidio â chwarae rygbi dros yr ysgol?

Fe aeth Wil a finne i feddygfa Doctor Alun a dweud ein bod ni wedi troi'n bigyrnau. Fe gawson ni bapur doctor, gyda'r sigarét dragwyddol yn mygu yn ei geg, i dystio na fedren ni chwarae. Doedd yr athro chwaraeon, Gwynfor Jones, ddim yn hapus o gwbl gyda phedwar o'r tîm yn tynnu allan. Bu'n rhaid i ni wynebu'r prifathro, a hwnnw'n gofyn i Wil a finne, yn ein tro, beth oedd y broblem. Fe atebodd y ddau ohonon ni'n union yr un fath – roedden ni wedi troi'n bigyrnau. Esgus John Lewis oedd nad oedd e'n teimlo'n hanner da. Fe fu Mike Roberts yn ddigon gonest i ddweud ei fod e am wylio Cymru'n chwarae pêl-droed.

Ymateb y prifathro oedd gorchymyn i ni fynd i Lanymddyfri beth bynnag i gefnogi'r tîm. Fe wnaethom hynny, yn anfoddog, gan fynd i lawr yno yng nghar Wil. Adeg hanner amser fe ddaeth George Bush, yr athro oedd yno ar ddyletswydd, aton ni i ofyn pryd oedd gêm Cymru'n cychwyn – roedd yn amlwg wedi deall beth oedd ein bwriad. Ninnau'n ateb mai am dri o'r gloch. A chwarae teg iddo, fe ganiataodd i ni deithio i Gaerdydd yn syth.

Erbyn i fi gyrraedd fy mhen-blwydd yn bedair ar ddeg oed rown i'n aelod o dîm pêl-droed ieuenctid y Bont ac yn dechrau cael ambell i gêm i'r tîm hŷn. Y gêm gynta wnes i ei chwarae i dîm mawr y Bont oedd gêm derfynol yn y cwpan ar Goedlan y Parc, Aberystwyth, yn erbyn Dewi Stars pan own i tua un ar bymtheg oed. Gêm ddi-sgôr oedd hi, ac fe gefais i gyfle am anfarwoldeb. Fe hitiais i'r bêl dros ben Calvin Davies yn y gôl ond fe drawodd hi'r trawst a dod allan. Fe allwn i fynd i faes Coedlan y Parc nawr a dangos yr union fan lle ciciais i'r bêl honno gan fod y digwyddiad wedi'i serio ar fy nghof. Yn y gêm ailchwarae roedd y Bont ar ei hôl hi 3-0 ar hanner amser, a'r canlyniad fu i ni golli 6-5 ar ôl amser ychwanegol.

Fe wnes i ymsefydlu fel amddiffynnwr canol. Ond dros y blynyddoedd rwy wedi chwarae ym mhob safle, gan gynnwys chwarae yn y gôl. Ac o droi unwaith eto at y syniad o'r genhedlaeth ola, rown i ymhlith y genhedlaeth ola i chwarae'r hen drefn o ddau gefnwr, tri hanerwr a phum ymosodwr. Fe ddechreuwyd rhoi pwyslais ar y midffîld wedyn.

Yn ystod fy ngyrfa fel pêl-droediwr, cefais brofiadau amrywiol iawn. Unwaith erioed y cefais fy anfon o'r maes, a hynny yn Rhaeadr Gwy. Roedd y gêm yn gyfartal pan ddyfarnwyd cic o'r smotyn i'r tîm cartref. Fe arbedodd Wil Metcalfe hi ond mynnodd y dyfarnwr ei bod hi'n cael ei hailgymryd. Ac fe wnaethon nhw sgorio ac ennill. Fe wnes i gwyno, a chael fy anfon bant. Yn eironig, dim ond unwaith y cafodd Sîon, fy mab ieuenga, ei anfon bant. Ac yn Rhaeadr y digwyddodd hynny hefyd, ar yr union un maes.

Hwyrach mai un o'r troeon trwstan mwya cofiadwy oedd hwnnw pan wnes i benderfynu cymryd cic gornel i fyny yn Nolgellau. Fe benderfynes i osod y bêl mor agos â phosib i'r llinell gôl. Fe redes i mewn ar ogwydd er mwyn lapio fy nhroed o gwmpas y bêl a cheisio'i gwyro tuag i mewn. Fe gymeres dri neu bedwar cam, a chicio. Ond yn hytrach na chicio'r bêl, cicies y postyn cornel. Rown i'n ofni fy mod wedi torri fy nhroed. Rhedodd yr ymgeleddwr draw â'r botel ddŵr i'w dywallt dros fy nhroed, a honno'n teimlo fel petai hi ar dân. Yn anffodus, roedd yr ymgeleddwr yn chwerthin cymaint nes iddo dywallt y dŵr ar hyd y cae heb i ddiferyn ddisgyn ar fy nhroed.

Pan own i'n blentyn, yr unig feddyginiaeth i anaf oedd y sbwng hudol, wrth gwrs. Ond ar gyfer un gêm arbennig roedd yr ymgeleddwr wedi clywed am ryw stwff gwyrthiol a elwid yn 'embrocation'. Fe brynwyd poteliad o'r stwff, a chariai'r ymgeleddwr yr hylif yn ei fag cymorth cynta. Rhywbeth i'w rwbio ar y cyhyrau oedd yr hylif, wrth gwrs. Yn fuan ar ôl dechrau'r gêm, fe anafwyd un o chwaraewyr y Bont. Fe redodd yr ymgeleddwr ar y cae, plygu dros y chwaraewr a anafwyd a cheisio arllwys yr hylif gwyrthiol i lawr ei gorn ei wddf.

Ar un adeg, ein hymgeleddwr oedd cymeriad o'r enw Teifi Davies. Cariai Teifi ddwy botel yn ei fag: potelaid o ddŵr ar gyfer anafiadau a photel o sudd oren ar gyfer torri syched adeg hanner amser. Anafwyd un o'n chwaraewyr ni yn ystod yr hanner cynta. Rhedodd Teifi draw, agor ei fag a thynnu potel allan. Yna fe arllwysodd y botelaid o sudd oren dros goes y chwaraewr, druan.

Tirmon y clwb oedd Dic Hopkins, cyn-golwr y tîm. Bydde'n gofalu am y llain gyda gofal garddwr yn Eden. A bydde'r bêl, y 'match ball', chwedl Dic, mor werthfawr â'r Greal Sanctaidd. Pan gâi bêl newydd, châi neb ei defnyddio tan y chwiban cynta. Fe'i cariai dan ei gesail a'n gwahodd ni, chwaraewyr, i gael golwg arni. A'r un fydde'r broliant bob tro. 'Hon yw'r bêl mae Arsenal yn ei defnyddio.'

Digwyddiad arall sy'n aros yn y cof yw hwnnw mewn gêm rhwng y Bont a Machynlleth. Roedd hi'n ddi-sgôr a'r naw deg munud drosodd. Y dyfarnwr oedd Georgie Vaughan, ac fe chwaraeodd dros yr amser gan ddyfarnu cic o'r smotyn i Fachynlleth. Fe sgorion nhw, ac ennill. Ar y lein roedd Dic Bach, clobyn ugain stôn. Ei sylw fe oedd, 'Nid dilyn watsh mae'r diawl yma, dilyn yr haul mae e.' Yna fe gydiodd yn George dan ei gesail a'i gario o'r cae gan ddweud, 'Dim ond un lle sydd i'r diawl yma – afon Teifi!'

Roedd Dic yn chwedl. Unwaith, ac unwaith yn unig, cafodd ei ddewis i chwarae dros y Bont, a hynny yn erbyn Coleg Aberystwyth. Roedd Dic yn marcio bachgen chwim iawn a oedd yn mynd heibio iddo mor hawdd â phe na bai yno. Ar ôl hanner awr, cafodd Dic lond bola o hyn. Cydiodd yng ngwar y myfyriwr, druan, ei dynnu i'r llawr ac eistedd ar ei ben. 'Nawr 'te,' medde Dic, 'treia di redeg nawr 'te, y diawl bach!'

Cymeriad chwedlonol arall, ac un sy'n dal yn chwedl, yw Lloyd Thomas, Mr Picton y Bont. Fe'i cyhuddwyd ef unwaith o regi, ac yntau'n rhedeg y lein, a derbyniodd lythyr oddi wrth Gymdeithas Bêl-droed Cymru. Wedi'u hysgrifennu ar yr amlen roedd y geiriau, 'Not to be opened by a female'. Dadl Lloyd yn erbyn y cyhuddiad oedd mai mewn Cymraeg y gwaeddodd ar y dyfarnwr, gan ychwanegu nad oedd yna regfeydd i'w cael yn yr iaith Gymraeg. Cariwyd y stori yn y *Daily Mail* o dan y pennawd, 'Lloyd the Line'.

Mae dyled pobol fel fi i Lloyd ac i Ken Jones wedyn yn un anferth. Oni bai amdanyn nhw, fydde'r clwb ddim wedi dal ati dros yr holl flynyddoedd. Fe ddefnyddion nhw'u ceir i nôl chwaraewyr o bedwar ban byd a mynd â nhw adre wedi'r gêm. Pobl fel Lloyd a Ken oedd yn gwneud chwarae i'r Bont yn uchelgais bywyd.

Heddiw, mae'r Bont yn chwarae mewn crysau lliw oren. Fe wnaethon nhw ddechre mewn gwyn, gan wisgo cryse cyffredin. Yna fe ddaeth y cryse pêl-droed go iawn cynta, dau fath o las mewn chwarteri tywyll a golau. Yn anffodus, erbyn fy nghyfnod i roedd y cryse wedi newid i rai coch. A bu sawl lliw arall. Ond i fi, yr hen gryse chwarteri oedd y rhai dilys.

Ces y fraint o fod yn gapten ar y Bont fwy nag unwaith a chael cynnig chwarae i dîm Tref Aberystwyth yng Nghynghrair y Canolbarth. Ond na, roedd fy nheyrngarwch i'n rhy gryf i dîm y fro. Mater o falchder i fi hefyd yw fod y ddau fab, Llŷr a Siôn, wedi chwarae dros y Bont. Rwy'n cofio Llŷr yn sgorio perl o gôl yn erbyn Tal-y-bont, rhywbeth y gwnaethai ei dad-cu ymron hanner canrif yn gynharach. Ond fe drodd Llŷr fwyfwy at golff. Fe chwaraeodd Siôn yn Uwch Gynghrair Cymru i Gaerfyrddin, ac fe sgoriodd a chael ei ddewis fel y chwaraewr gorau yn rownd derfynol Cwpan Cymru yn erbyn Inter Caerdydd. Chwaraeodd hefyd i'r Trallwng ac i Aberystwyth, Caersws a Phorthmadog. Cafodd Siôn gryn lwyddiant mewn athletau hefyd, gan ennill sawl fest am redeg dros Gymru.

Rhaid cydnabod bod criced wedi bod yn bwysig i fi hefyd. Ond fe ges i broblem fawr o ganlyniad i ddechre chwarae'r gêm yn yr ysgol fach yn y Bont. Roedd y wiced bob amser o flaen wal yr ysgol. I'r chwith roedd wal fechan rhyw droedfedd neu ddwy o uchder a safai uwchlaw'r ffordd fawr. Hynny yw, roedd iard yr ysgol tua deg troedfedd uwchlaw'r ffordd. Felly, os hitiai rhywun y bêl i'r ffordd fawr roedd hynny'n golygu chwech ac allan. Rown i felly'n chwarae pob pêl i'r ochr agored. Pan ddaeth hi'n amser wedyn i chwarae ar gae criced go iawn, fe ges i anhawster mawr i daro'r bêl i'r ochr goes. Roedd yr arferiad yn yr ysgol fach wedi mynd i 'ngwaed.

Doedd yna ddim tîm criced sefydlog yn y Bont, er y bydde yna gême achlysurol. Ond ar ôl i fi adael

Yr Hwn Ydwyf

yr ysgol fe fues i'n chwarae yn nhîm Northgate, Aberystwyth, yn y Gynghrair gyda'r Nos. Gêmau ugain pelawd oedd y rhain. Fe wnes i hefyd chwarae i dîm Llanilar, gan chwarae un gêm gyfeillgar yn erbyn y Bont. Un o gymeriade mawr tîm Llanilar oedd Harri Davies, Comiwnydd a oedd hefyd yn flaenor yn y capel. Ef, am wn i, oedd yr unig gynghorydd cymuned yng Ngheredigion oedd yn Gomiwnydd cofrestredig.

Roedd Harri'n un o uwch-swyddogion y Weinyddiaeth Amaeth yn y Trawscoed. Yn ystod yr awr ginio bydde Harri'n crwydro o gwmpas y gerddi ac yn defnyddio'i gyllell boced i dynnu unrhyw chwyn a welai ar y lawntiau. Un diwrnod roedd cynhadledd bwysig yno, a dyma ddieithryn yn stopio gyferbyn â Harri, a oedd ar ei linie'n tendio'r lawnt. Dyma fe'n gofyn i Harri, yn ddigon ffroenuchel, ble roedd lleoliad y gynhadledd. A dyma Harri, yn ei gap stabal, yn esbonio iddo. Fe daflodd y dyn hanner coron iddo am ei gymorth a mynd yn ei flaen gan feddwl mai garddwr oedd Harri. Yn y gynhadledd fe gafodd sioc ei fywyd pan gododd y dyn yn y cap stabal i arwain y cyfarfod.

Bowliwr cyflym oedd Harri a theimlai fod angen cadw'r troellwyr yn eu lle. 'Maen nhw'n iawn ar gyfer prynu ambell i wiced,' meddai Harri, 'ond wedyn, tynnwch nhw bant.'

Gydol fy mywyd, dim ond dwy gêm sydd wedi fy nenu i: pêl-droed a chriced. Doedd dim arall yn cyfrif. Camp i'r uchel ael oedd golff, er i fi ddechrau ymddiddori yn y gamp yn fy mhedwardege gan chwarae llawer gyda'r bechgyn. Rwy'n cofio sgwrsio'n gymharol ddiweddar â Dennis Morgan, dyfeisiwr y set deledu honno yn Ffair-rhos amser maith yn ôl. Erbyn hyn mae yna ddau gwrs golff o fewn cyrraedd i Lan-non, lle mae Dennis yn byw. Fe ofynnes iddo, felly, a oedd ganddo fe ddiddordeb mewn chwarae golff? Bu bron iawn iddo fe lewygu.

'Golff!' medde fe. 'Golff! Bachan o Ffair-rhos yn chware golff!'

Fe ddwedes i wrtho fod ei gyfaill mawr o ddyddie ysgol, Lloyd Edwards, Glangors-fach, yn chwarae golff yn rheolaidd. Wfftio wnaeth Dennis.

'Beth sy wedi codi yn 'i ben e? Pan odd e a fi'n blant yn Ffair-rhos, ac ynte'n gweld pêl golff ar y llawr, fe fydde fe'n ceisio'i philio hi a'i bwyta!'

Oes, mae gofyn i bawb gofio'u lle.

Pennod 8

YSTRYDEB YW DWEUD MAI cyfrinach newyddiadurwr llwyddiannus yw bod yn y man iawn ar yr adeg iawn. Do, fe'i clywyd hyd at syrffed. Ond ystrydeb neu beidio, nid yw'n gwanhau gwirionedd yr wireb fel y profwyd ar noson y Refferendwm.

'Nôl yn 1991 fe ges i gyfres gan Radio Cymru ar bobol oedd yn gwneud pethe gwahanol neu anghyffredin. Ei henw oedd *Nid Naw tan Bump*. Cyfres o chwech oedd hi ac fe wnes i olrhain diwrnod ym mywyd cantores opera, golffiwr a hyd yn oed fwriwr cythreulied ar ran yr Eglwys yng Nghymru.

Gwrthrych un o'r rhaglenni oedd peilot awyren Jumbo 747, sef Arwyn Jones o Gaernarfon. Fe deithies i faes awyr Heathrow a chael eistedd i mewn yn y sgwrsio rhwng y peilot, y staff a chynrychiolwyr y cwmni hedfan. Yna, fe ges i ganiatâd i eistedd gydag Arwyn yn y caban a'i gael i ddisgrifio i'r peiriant recordio ei holl symudiade wrth iddo godi'r awyren a'i hedfan. Yma fe ddaeth fy ngwersi ffiseg gan Robert Thomas yn ysgol Tregaron yn ddefnyddiol. Roedd y gair 'momentwm' yn un allweddol a dyma gofio mai momentwm oedd 'mass velocity'. Fe fydde'r awyren yn cyrraedd pwynt fel na ellid ei stopio cyn cyrraedd pen draw'r lanfa, a'r unig ateb wedyn fydde iddi godi.

Fe wnes i recordio sgwrs gydag ef bron iawn yr holl ffordd draw, yn sôn am anghenion y swydd, ei amrywiol brofiadau, ac yn y blaen. Wrth lanio yn Washington fe siaradodd e am y broses o ddefnyddio'r peilot awto.

Y bwriad oedd i fi aros yn Washington am dridie yn yr un gwesty â chriw'r awyren a dychwelyd gydag Arwyn. Roedd criwie British Airways oedd wedi hedfan i mewn i Washington ar yr un diwrnod i gyd yn aros yn yr un gwesty. Fe aeth criw ohonon ni allan am bryd o fwyd yn y ddinas. Rown i'n eistedd yn ymyl peilot oedd newydd hedfan yno o Johannesburg. Dyma ddechre siarad ag e, a'r sgwrs yn troi at wylie. Gofynnais i ble y bydde fe'n mynd ar ei wylie fel arfer a disgwyl clywed enwe egsotig fel Bangkok neu Honolulu. Ond na. Dywedodd y bydde fe a'i deulu'n treulio pob gwylie yng Nghymru, a hynny yn y lle prydfertha yn y byd. Wnaeth e ddim manylu, dim ond dweud na fedre fe ynganu enw'r lle.

Yn nes ymlaen fe wnaethon ni ddychwelyd at siarad am wylie. Gofynnais iddo ymhle yng Nghymru y bydde fe'n mynd? Canolbarth Cymru, medde fe. O dipyn i beth aeth i fwy o fanylion. Enw'r lle, medde fe, oedd 'Ponytrhydyfendigaid'. O'r holl fanne yn y byd y galle fe dreulio'i wylie, roedd hwn – mewn sgwrs yn Washington – yn dweud wrtha i ei fod e'n aros mewn bwthyn gwylie yn y pentre lle'm ganwyd i. Roedd y tŷ yn berchen i ddyn lleol a adwaenwn i'n dda.

Nid dyna ddiwedd y stori. Dyma'r ferch gysylltiade

cyhoeddus o British Airways oedd yn gofalu amdana i yn fy hysbysu fod ganddi newyddion da a newyddion drwg. Y newyddion drwg oedd na fedrwn i fynd adre gydag Arwyn. Y newyddion da oedd y byddwn i'n hedfan adre ar Concord. Cysylltais â Radio Cymru yng Nghaerdydd i drefnu cyfweliad byw gyda Hywel Gwynfryn o fwrdd yr awyren yn ystod y daith ar draws yr Iwerydd.

Ar yr awyren fe ges i wahoddiad gan y Capten i ymuno ag ef yn y caban ar gyfer codi a gadael. A dyna ble rown i, yng nghaban Concord, yn cynnal sgwrs ddwy ffordd yn fyw â Hywel Gwynfryn. Mae'n siŵr fy mod i'n dal y record fel y cyflyma a'r ucha erioed i sgwrsio'n fyw ar Radio Cymru. Rown i 60,000 troedfedd i fyny, dwbl uchder awyrennau Jumbo, a dim ond tair awr a deugain munud gymerodd hi i gwblhau'r daith, sef tua 1,400 milltir yr awr. Gan fod fy nghar wedi bod mewn damwain, fe deithies i adre o Euston i Aberystwyth ar y trên. Fe gymerodd y daith honno bum awr a hanner.

Ar ôl hynny, pan ddaeth oes Concord i ben y gwnes i ddeall bod yr awyren ryfeddol hon yn teithio ar gyflymdra oedd yn gynt na bwled yn gadael reiffl. Pan own i yn yr awyren, down i ddim yn ymwybodol o'r cyflymdra o gwbl. Ond un peth a 'nhrawodd i oedd glesni rhyfeddol yr awyr. A ninne mor uchel roedd e'n lesni tebyg i inc Royal Blue. Syndod arall oedd mor fach oedd hi. Roedd hi fel sigâr a dim ond dwy res o seddi dwbl ar hyd y ddwy ochr ar gyfer 139 o deithwyr.

Un o'r sefyllfaoedd mwyaf lletchwith i fi gael fy hun ynddi oedd achos Siôn Jenkins, a gafwyd yn euog yn

1998 o lofruddio'i lysferch dair ar ddeg oed, Billie-Jo, ond a ryddhawyd yn dilyn dau apêl ac ail a thrydydd achos. Mae gan deulu Siôn Jenkins gysylltiadau cryf ag ardal y Bont, a phan gyhoeddwyd ychydig wedi'r llofruddiaeth fod yna ddyn wedi'i arestio fe wnes i ffonio David, ei dad, i ofyn am fanylion. Wyddwn i ddim ar y pryd, wrth gwrs, mai ei fab Sion oedd yn y ddalfa.

Wnaeth Dai ddim dal dim dig. Mae ef a'r teulu'n bobol hyfryd. Yn ystod y ddau wrandawiad apêl, fe ges i gydweithrediad llwyr gan y teulu. Yn wir, rown i'n teimlo i'r byw drostyn nhw. Gallai hynny fod wedi llywio fy marn wrth i fi baratoi fy adroddiade. Fel tad i ddau fab, roedd gen i syniad beth oedd Dai Jenkins yn ei deimlo. Boed y mab yn euog neu'n ddieuog, roedd ef a'r teulu'n mynd drwy uffern. Fe wnes fy ngorau i fod yn ddiduedd – wn i ddim a lwyddes i.

Y teimlad ges i yn y ddau achos apêl oedd fod yna lawer o bethe nad oedd yn gwneud synnwyr. Yn yr achosion apêl yn y Royal Courts of Justice yn Llunden doedd yna ddim rheithgor ond yn hytrach dri barnwr. Fe wn i pa mor bwysig yw gweithredu'r gyfundrefn o gynnal achosion o flaen rheithgor, ond teimlaf weithie y gall rheithgore fod yn beryglus. Does ganddyn nhw ddim arbenigedd cyfreithiol na fforensig ac rwy'n teimlo'n amal fod ambell aelod o'r rheithgor eisoes wedi penderfynu ar y dyfarniad yn gynnar yn yr achos ac yn gyndyn iawn i wrando'n ddiduedd. Credaf fod yna duedd ynddon ni i gyd i fod yn rhagfarnllyd. Yn yr achosion hyn roedd tri barnwr profiadol wedi dod i'r casgliad fod yna reswm digonol dros amau tystiolaeth yr erlyniad. Petawn i'n wynebu llys barn ar gyhuddiad difrifol, bydde'n well gen i wynebu tri barnwr nag wynebu rheithgor. Mae yna le i ddadlau na fydde'r barnwyr yn rhagdybio, fel y gwna ambell aelod o reithgor. Ond barn bersonol yw honna.

Er mai gohebydd Canolbarth Cymru own i, fe ddaeth cyfle i holi pobol oedd yn ffigure byd-enwog. Sonies eisoes am John Charles, fy arwr mawr yn y byd pêl-droed. Bûm hefyd yn holi Ian Rush, ac fe holais Ian Botham pan oedd hwnnw ar ei daith gerdded o gwmpas Prydain. Ar y pryd roedd e'n cerdded o Fachynlleth i Aberystwyth ac anodd oedd dal i fyny ag ef wrth ei holi. Ces gyfle hefyd i holi Tywysog Cymru fwy nag unwaith. Bûm yn holi Edward Heath hefyd pan anrhydeddwyd ef â gradd Prifysgol Cymru, a Mary Robinson wedyn, Arlywydd Iwerddon.

Un arall a holais ar yr un noson â Heath oedd mab Erwin Rommel. Ac yma ceir un o nifer o gyd-ddigwyddiadau sydd wedi bod yn gymaint rhan o 'mywyd i. Y gŵr ym myddin yr Almaen a oedd yn cyfateb i Montgomery oedd Rommel, wrth gwrs. Ac yn rhan fechan o ymgyrch Montgomery yn erbyn Rommel roedd Nhad. Roedd e'n deimlad rhyfedd cael sgwrsio â mab y dyn y bu Nhad yn brwydro yn ei erbyn. Wn i ddim beth ddwede Nhad petai e'n gwybod fod ei fab wedi ysgwyd llaw â mab ei archelyn. Tybed beth fydde ei ymateb?

Ces gyfle hefyd i holi Tywysog Cymru pan oedd e ar ymweliad ag Ynys-las ger y Borth, ar ryw fater cadwriaethol. Yn achos y Teulu Brenhinol, y protocol yw rhoi rhwydd hynt iddynt barablu. Ond yn fy naïfrwydd dechreues holi Charles. Cyn hir, ef oedd yn fy holi i am hanes Neuadd Pantycelyn ac am Aberystwyth yn gyffredinol. Roedd e am wybod faint roedd y lle wedi newid ers 1969, pan dreuliodd dymor yn y coleg yno.

Anaml iawn y ces i anhawster wrth holi rhywun. Yr anoddaf, hwyrach, oedd y gyrrwr rali Colin McRae. Am gyfnod hir fe wnes i ddilyn y rali Network Q. Fe fyddwn i'n mynd gyda dyn camera, ymhell cyn bodolaeth *Ralïo* ar S4C, ac yn naturiol fe fyddwn i'n ceisio cael cyfle i holi pobol fel Gwyndaf Evans. Braidd yn amharod i gael ei holi roedd McRae. Ond dyna fe, ac ynte ar ganol rali, pam dyle fe wastraffu ei amser yn sgwrsio â rhywun fel fi?

Un o'r storïau mwyaf bisâr i fi fod yn gohebu arni oedd honno pan ddihunwyd fi am dri o'r gloch y bore gyda'r newydd fod tornado wedi bwrw Bow Street. Rown i'n credu fod rhywun yn tynnu 'nghoes. Dim ond dwy neu dair milltir oedd Bow Street o Gapel Seion fel yr hed y frân, neu fel y dywedai cymeriad o'r Bont, 'as the fly crows'. Doedd dim gwynt o gwbl i'w glywed y tu allan. Beth bynnag, draw â fi a gweld y llanast rhyfeddaf. Roedd y storm wedi gadael cwys o ddinistr fel petai aradr anferth wedi'i thynnu drwy'r pentre. Hwn oedd yr ail dornado i fi weld ei effaith. Flynyddoedd cyn hynny galwyd fi i fyny i Sant Hermon, ger Rhaeadr Gwy. Roedd effaith hwnnw, os rhywbeth, yn waeth. Cefais fy siâr o hanesion rhyfedd yn y Bont. Un tro galwyd fi draw i adrodd ar warchae. Roedd rhywun wedi cau ei hun yn un o'r tai cyngor, neu yn un o'r tai newyddion, fel y gelwid nhw yno. Roedd ganddo ddryll, ac roedd heddlu arfog ym mhobman.

Nid dyna'r unig dro i heddlu arfog gael eu galw i'r ardal. Bûm yno hefyd gyda dyn camera, Geraint Jones, pan adroddwyd bod cath fawr yn crwydro'r fro. Cafodd ei bedyddio yn Fwystfil y Bont. Er na welson ni'r anifail, roedd yno ddigon o dystiolaeth i 'mherswadio i fod rhywbeth yn y stori.

I'r Bont wedyn y galwyd fi i adrodd am fom a ddarganfuwyd yn y pentre. Roedd hi wedi dod i'r golwg mewn gardd ger Capel Rhydfendigaid, lle roedd y ffordd yn cael ei lledu. Cyn-berchennog yr ardd oedd Dai Rogers, perchennog y mwnci gynt a dyfeisiwr o fri. Yn ôl yr hanes, roedd Dai wedi dod ar ei thraws ar y mynydd adeg y Rhyfel ac wedi'i chario adre i'w defnyddio i ddal y drws ffrynt yn agored. Dai, yn sicr, oedd Bili Bom Bom y Bont.

Yn 1992 rown i'n gohebu yn Eisteddfod Genedlaethol Aberystwyth a'r Cylch, gydag Aled Gwyn ac Alun Rhys, yn paratoi eitemau ar gyfer y *Post Prynhawn*. Ddechre'r wythnos roedd Tegs wedi gofyn i mi own i am fynd i gymanfa ganu'r brifwyl a oedd yr adeg hynny yn cael ei chynnal ar Sul ola'r ŵyl.

Ar y pryd doedd gen i ddim awydd mynd, felly fe brynodd Tegs docynnau i'w mam a'i thad a'm modryb Sal. Ond erbyn diwedd yr wythnos newidiais fy meddwl.

Trwy lwc roedd Tegs wedi derbyn tocynnau i'r

gymanfa gan un o'n cymdogion a oedd yn gweini ar un o'r stondinau bwyd ac wedi derbyn y tocynnau gan berson ar y maes. Fe aeth y pump ohonon ni i'r gymanfa felly'n hapus.

Ar ôl sicrhau bod fy modryb a'm tad a'm mam yng nghyfraith yn y seddi iawn fe aethom i chwilio am ein seddau ni. Edrychais ar y tocyn a meddwl ein bod yn rhes 1. Gofyn i un o'r stiwardiaid ble roedd rhes 1. Yr ateb oedd nad oedd yna res 1 ac mai tocyn rhif 1a 2 oedd gennym a hynny yn y rhes flaen. Beth oedd ein cymydog heb ddweud oedd mai gan wraig yr archdderwydd y cafwyd y tocynnau.

Roedd hi'n noson wlyb ac roeddwn wedi mynd i'r gymanfa mewn wellingtons.

A dyna lle roedd Tegs a finne'n eistedd reit yn y rhes flaen, yn sedd yr Archdderwydd, yng ngŵydd y genedl gyfan mewn wellingtons.

Daeth y diweddar Penri Roberts ataf a gofyn a own i'n gweithio a pham rown i'n eistedd yn sedd yr Archdderwydd. Gwelais fy nghyfle a'i ateb drwy ddweud mod i wedi prynu'r tocynnau ar y farchnad ddu. Aeth Penri'n welw ei wedd cyn i mi ddweud mai tynnu ei goes yr own i!

Gydol y noson dyna lle rown i'n gwneud fy ngorau i geisio cuddio'r wellingtons brwnt rhag y camerâu, oherwydd wrth fy ochor roedd pwysigion yr eisteddfod yn eu dillad crand! Noson fythgofiadwy er na alla i ddweud i fi fwynhau'r profiad.

Hwyrach mai un o'r newidiadau mwya a welais yn ystod fy nghyfnod fel gohebydd gyda'r BBC oedd yr hyn a ddigwyddodd i'n dulliau o ffilmio. Pan ddechreuais i, fe fydde dyn camera, dyn sain a dyn goleuo bob amser yn mynd gyda fi ar drywydd stori. Ac rwy'n dweud 'dyn' am mai dynion, yn ddieithriad, fydde yn y fath swyddi. Fy unig waith i, fel gyda gwaith radio, fydde holi. Ar gyfer eitem camera felly, bydden ni'n bedwar bob amser.

Bob tro y bydde stori'n codi bydde angen llogi criw o dri. Yn raddol collwyd y dyn goleuo, yna'r dyn sain. Ac yn y diwedd fe gollwyd y dyn camera. Golygai hynny y bydde'n rhaid i fi wneud yr holl waith fy hunan. Yn naturiol arweiniodd hyn at ostwng y safonau o ran sain a llun wedi colli'r arbenigwyr. Yn arbennig wrth drosglwyddo'r gwaith camera i'r cyflwynydd, roedd ansawdd yr holl eitem yn gwanhau. Gan fod raid i'r cyflwynydd ymwneud â'r holl waith, golygai na allai ganolbwyntio'n llwyr ar yr holi ac o ganlyniad dioddefai ansawdd y sgwrs hefyd.

Elfen arall a oedd yn gwneud yr eitem yn llai effeithiol oedd y byddwn i'n defnyddio camera nad oedd yn cymharu o ran ansawdd ag offer ffilmio dyn camera proffesiynol.

Bu newid mawr hefyd yn natblygiad yr offer sain ar gyfer eitemau radio. Fe wnes i gychwyn gyda pheiriant Uher – rhyw fath ar focs trwm a oedd yn recordio ril-i-ril ar dâp cwarter modfedd. Wrth olygu byddai'n rhaid i fi dorri'r tâp yn llythrennol. Golygai hyn ddefnyddio llafn rasel. Ar ôl tynnu allan y darn o dâp a dorrwyd, wedyn fe fydde'n rhaid ailgysylltu dau ben y tâp â thâp gwyn, culach.

Olynwyd yr Uher gan y Sony Walkman. Un bach

90 Bermondsey St, Llundain

Cerdyn hyrwyddo y diwydiant llaeth yn Llundain

Ewythr Dai yn garcharor rhyfel

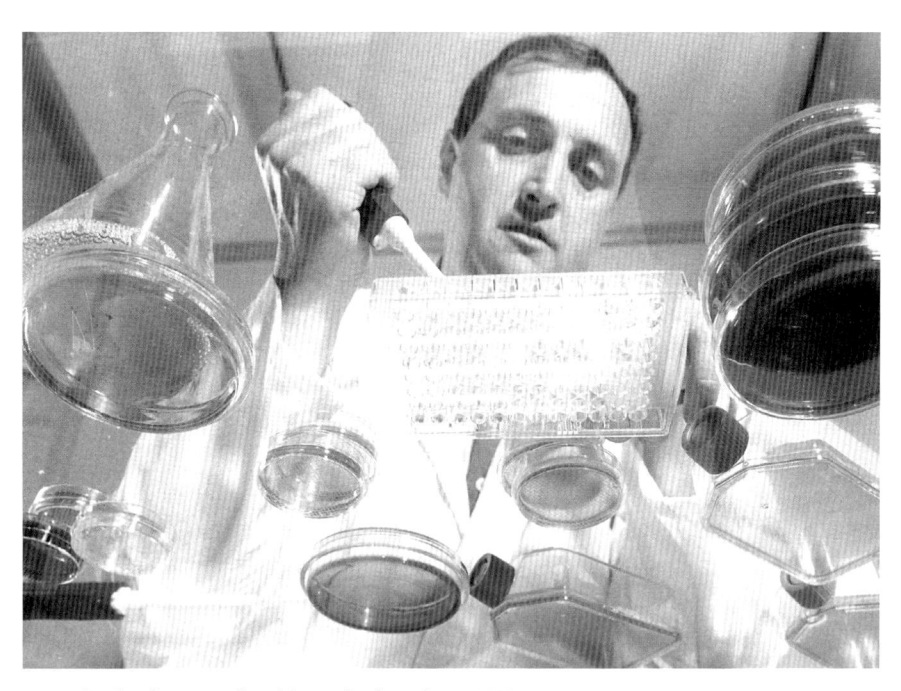

Cynnal arbrofion ar gelloedd yn y brifysgol tua 1982

Gweithio gyda'r Athro Tom Settlemire, Coleg Bowdoin, Maine

Tegs gyda'r bechgyn yn nhalaith Maine, 1984

Un o'r hen draddodiadau yn cael eu cadw ddiwrnod ein priodas, Medi 1970

Llŷr ac Anti Sal ar ddiwrnod bedydd Siôn, 1978

Y teulu, dechrau'r nawdegau

Adran yr Urdd Capel Seion, carnifalwn 1973

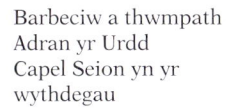

Barbeciw a thwmpath Adran yr Urdd Capel Seion yn yr wythdegau

Carnifal Capel Seion yn yr wythdegau

Tynnu rhaff yn y carnifal yn yr wythdegau

Tîm pêl-droed cyntaf ysgol Capel Seion, tua 1983

Tîm cynhyrchu Adran yr Urdd Capel Seion lawr ym Mrynaman. O'r chwith: Liz a Teleri Hawkins, Ann Jenkins, fi, Dan Jenkins, Evan Hirst, Gwyn Hawkins a John Williams

Tu allan i stiwdio newydd y BBC – cyn-orsaf bad achub Aberystwyth

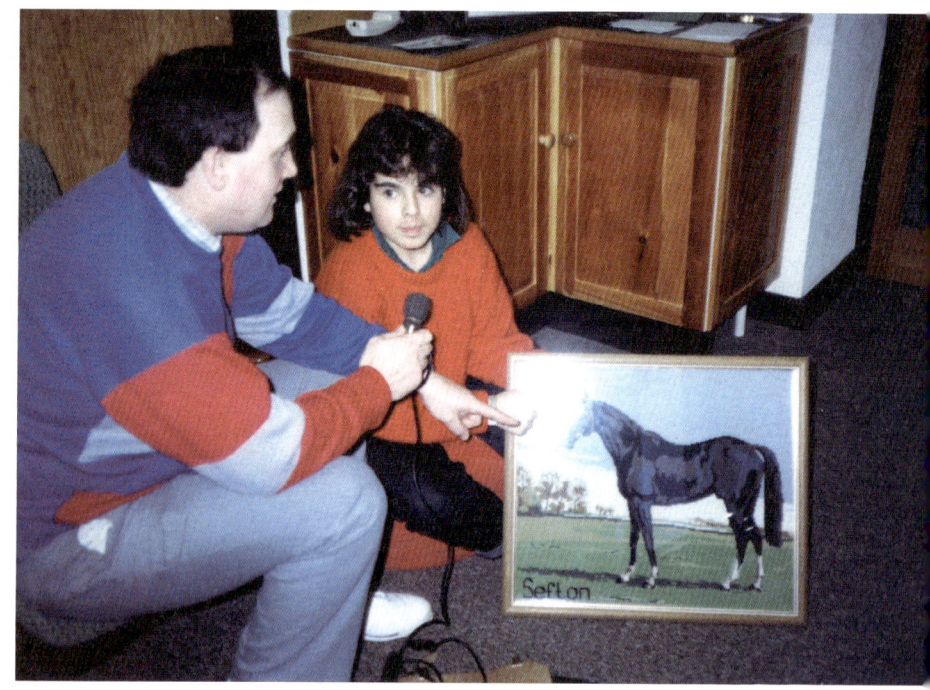

Dyddiau *Helo Bobol* yn holi Catrin Williams, Talybont, ar ôl iddi gael trawsblaniad aren ar ddiwedd yr wythdegau

Rhaglen *Helo, Helo, Helo*. Merfyn Davies, Arwyn Davies a fi gyda'r cynhyrchydd Sulwyn Thomas

Fi, Huw Ceredig, Richard Rees, Gari Williams, Iestyn Garlick, Glan Davies, Lyn Ebenezer, Gillian Elisa, Sioned Mair, Dewi Pws a Jac y ci

Trip golff i'r Iwerddon ar ddechrau'r nawdegau

Lyn Jones, golygydd Radio Cymru, a Lena Pritchard Jones, cynhyrchydd *Helo Bobol*, pan ddaeth y rhaglen i ben yn 1989

Recordio rhaglen *Nid Naw Tan Bump* gydag Arwyn Jones ar fwrdd y 747

Criw Concorde, Mai 1991

Darlledu'n fyw ar noson y refferendwm, Medi 1997

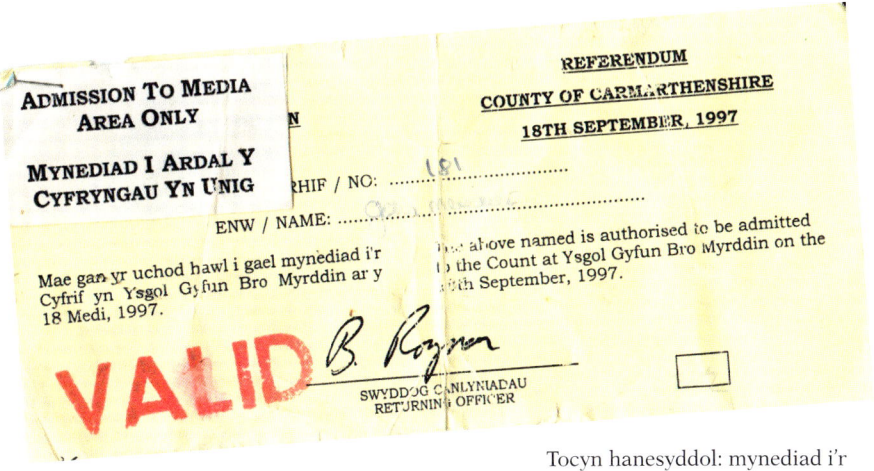

Tocyn hanesyddol: mynediad i'r cownt yng Nghaerfyrddin

Priodas Llyr a Naomi

Martha, Caitlin, Cari a Erin

Erin a Cari, merched Llŷr a Naomi

Caitlin, Martha a Henry, plant Siôn a Charlotte

Priodas Siôn a Charlotte

Noson fy ymddeoliad yng nghwmni cyn-weithwyr: Dave Owen, Tommy Owen, Phil Davies, Ken Davies, Arwyn Davies, John Higgs, Alun Lenny a fi

Taith y Porthmon – holi'r cymeriad Charles Jones o Bontsenni, 2010

Ymlacio ar ddiwedd Taith y Porthmon yng nghwmni Ifan a Shân, 2010

oedd hwn a gallai gael ei gario mewn poced. Ond unwaith eto, ar ôl recordio eitem, bydde'n rhaid mynd yn ôl i'r stiwdio i'w olygu. Roedd gofyn trosglwyddo'r eitem i dâp cwarter modfedd cyn medru ei olygu.

Wedyn daeth y dull electronig presennol o recordio a golygu. Golyga hyn recordio ar ddisg. A nawr, yn hytrach na golygu'r ddisg, caiff y sain ei drosglwyddo drwy gyfrifiadur a'i olygu'n electronig. Mae'r sain i'w glywed a hefyd i'w weld ar ffurf patrymau ar y sgrin. Yr unig angen wedyn yw ucheloleuo'r darnau sydd i'w hepgor. Fe wnaeth hyn fywyd gohebydd radio yn llawer iawn haws.

Does dim dadl nad yw'r dechnoleg fodern wedi gwneud bywyd yn rhwyddach. Ond does dim dadl chwaith na wnaeth hyn arwain at golli swyddi a gostwng safon yr eitem. Fe aeth y gwaith tîm ar goll yn llwyr. Arferai fod fel tîm tynnu rhaff. Nid cyfanswm cryfder unigolion sy'n bwysig ond yn hytrach y cyd-dynnu. Collais yr elfen o fedru trafod gyda'r dyn camera yn fawr, a bellach, o dan y drefn bresennol, rhaid i'r gohebydd wneud ei benderfyniadau ei hunan.

Gwelais hefyd golli'r gwmnïaeth. Yng Nghanolbarth Cymru byddwn yn gweithio gyda thri chriw: bydde Tomi Owen ac yna'i fab i lawr yn sir Benfro; yng Nghaerfyrddin roedd Ken Davies a'i griw ac yn Llanidloes roedd John Higgs a'i griw.

Yn anffodus, po fwya soffistigedig yr offer, mwya i gyd yw'r posibilrwydd o wneud camgymeriad. Gyda'r Uher roedd modd gweld y tâp yn troi, ond nid felly gydag offer electronig. Does dim byd i'w weld yn symud, ac fe wnes i hyd yn oed golli sgwrs gyfan unwaith a gorfod ei hailrecordio. Ond fe wnes i gam gwag unwaith hefyd hyd yn oed yn nyddiau'r Uher. Rwy'n cofio paratoi eitem ar y trên stêm cynta ers degawdau i ddod i mewn i orsaf Aberystwyth. Medrwn weld y trên yn agosáu heibio'r hen waith nwy. Ond yn hytrach na throi'r peiriant ymlaen, fe wnes i wasgu'r botwm 'saib'. Pan gyrhaeddodd y trên fe wnes i sylwi nad oedd y tâp yn troi. Gorfodwyd fi felly i recordio sŵn y trên yn gadael yn hytrach na'i sŵn yn cyrraedd.

Rwy'n cofio hefyd ffilmio eitem yn ardal y Drenewydd yn ymwneud â dyn oedd wedi dyfeisio roced a honno'n cael ei gyrru gan siwgr. Un cyfle oedd i'w gael: unwaith y codai'r roced, dyna hi. Dyma'r roced yn codi, a'r dyn camera'n sylweddoli nad oedd e wedi gwasgu'r botwm recordio.

Ond geiriau yn hytrach na'r dechnoleg newydd oedd yn peri'r broblem fwya i fi. Wrth anfon eitem dros y lein bydde angen creu cyflwyniad ar gyfer cyflwynydd y rhaglen fel linc, neu ddolen gyswllt. Rown i wedi paratoi eitem ar ddefnyddio organo ffosffad wrth ddipio defaid gan fod y cemegyn hwn yn medru cael effaith andwyol ar bobol. Yn wir, roedd wedi effeithio ar iechyd ffermwr yng Nghaeadda, ger Machynlleth. Fe wnes i holi'r ffermwr, Wili John Pugh, a Meirwen ei wraig gan fod Meirwen wedi brwydro'n galed â'r awdurdodau i sicrhau bod hawliau gan y rheiny a gawsai eu heffeithio gan organo ffosffad. Mynnai'r ffermwr gael ei gyflwyno fel Wili yn hytrach na William. Golygais y tâp a'i yrru gyda linc i'r *Post Prynhawn*. Ond dyma Gareth Glyn, y cyflwynydd, yn fy ffonio.

'John,' meddai, 'mae'n rhaid i fi newid y linc.'

Dyma fi'n gofyn pam. Ac yntau'n ateb drwy ddyfynnu fy linc: 'Yn ôl Meirwen, mae'r Dipio OP yn cael effaith ddrwg ar Wili ei gŵr.' Aeth ymlaen i ofyn, 'Fedra i newid hwnna i ddweud fod Dipio OP yn cael effaith wael ar ei gŵr, Wili?'

Rwy'n cofio cynhyrchydd yn dadlau â chydgyflwynydd wedyn am y cyfieithiad cywir o 'mechanic'. Roedd hi'n mynnu mai 'peiriannydd' oedd y cyfieithiad iawn. Ond na, meddai'r cyflwynydd 'mechanic' yw rhywun sy'n trwsio ceir, 'peiriannydd' yw 'engineer'. Yn ystod y prynhawn roedd y cynhyrchydd dan sylw yn darlledu a gofynnodd y cwestiwn: "O ba faes awyr wnaethoch chi fflio?". Does fawr o gysondeb.

Fe fyddwn i hefyd yn dadlau'n ddi-baid ynghylch y gwahaniaeth rhwng tafodiaith a bratiaith. Mae cywirdeb yn hollbwysig. Un gair fydde bob amser yn mynd dan fy nghroen i fydde gwrthod y gair 'cwarter'. I fi, mae 'cwarter' yn llawn mor ddilys â 'chwarter' gan ei fod yn fyw ar lafar ac yng ngeiriadur Bruce, felly dyna fyddwn i'n ei ddefnyddio bob tro gan ei dreiglo, pan fydde angen, yn 'gwarter'. Ond bob tro y byddwn i'n anfon sgript draw, câi 'cwarter' ei newid yn 'chwarter'.

Geiriau benywaidd a gwrywaidd wedyn. Fe wn i eu bod nhw'n amrywio weithie rhwng gogledd a de. I fi, 'dwy undeb' sy'n gywir, nid 'dau undeb', ac mae'n enw gwrywaidd/benywaidd yn y geiriadur. 'Dwy fom' wedyn ond 'dau drên', ac fe fyddwn i'n gwylltio pan fydde rhywun yn y stiwdio yng Nghaerdydd yn fy nghywiro. Un tro roedd gen i eitem dda o siop cigydd y teulu Morgan yn Aberystwyth. Dyma Aled yn dweud na châi e bellach roi esgyrn i gwsmeriaid i'w rhoi i'w cŵn. Câi asgwrn ei ystyried fel gwastraff, ac o'r herwydd gael ei drin fel gwastraff – stori dda ar gyfer cloi'r rhaglen.

Yn fy sgript fe ddwedes i, 'Aled yw'r seithfed genhedlaeth i redeg y fusnes'. Galwyd fi'n ôl i newid un gair. Protestiais gan ddweud mai benywaidd oedd 'busnes' i fi. Ond na, doedd dim yn tycio a bu'n rhaid i fi fynd yn ôl i'r stiwdio i ailrecordio'r llais a newid 'f' yn 'b'.

Teimlwn fy mod i'n rhyw fath ar Lywydd Cymdeithas y Tair 'C' – Cwarter, Cadno a Cwar, yn hytrach na chwarter, llwynog a chwarel. Yn wir, cofiaf un golygydd yn gwrthod derbyn y gair 'pothell'. Rown i wedi recordio eitem ar ras nofio Her y Celtiaid ar draws Bae Ceredigion o Iwerddon gan ddweud bod y rhwyfwyr yn cymryd rhan mewn camp oedd yn llawn chwys a phothelli. Derbyniais alwad yn dweud y bydde'n rhaid i fi newid y gair 'potheli'. Pam? Am na fydde neb yn gwybod ei ystyr. Gofynnais felly beth fydde'r golygydd ei hun yn ei ddefnyddio. Ei ateb oedd 'blister'. Iddo ef roedd y gair Cymraeg yn anghymwys tra bod y gair Saesneg yn gymwys! I fi, roedd pothell yn air a ddefnyddiwn yn naturiol bob dydd. Fe wnes i safiad a gwrthod newid y gair, ac am unwaith cefais lonydd.

Y peth hawsa yn y byd yw llithro i'r arfer o gyfieithu idiomau Saesneg. Rwy'n cofio sôn am chwaraewyr 'yn cymryd y cae', er enghraifft. Fe ges i fy nghywiro, a wnes i byth ei ddefnyddio wedyn. Fe ges i fy meirniadu hefyd pan own i allan ar Fae Ceredigion yn gwneud eitem ar ddolffiniaid. A dyma fi'n dweud, 'Trueni nad oes gen i gamera nawr.' Ymateb y cynhyrchydd oedd dweud, 'Dy waith di yw disgrifio'r olygfa i'r gwrandawyr. Dwed beth rwyt ti'n ei weld.' Ac roedd e'n iawn, wrth gwrs. Fe fydd Hywel Gwynfryn bob amser yn mynnu mai ar y radio mae'r lluniau gorau.

Mae defnyddio geiriau Seisnig pan fo gair Cymraeg yn bodoli yn fy ngwylltio. Erbyn hyn dydi'r gair 'her' ddim yn bodoli. 'Sialens' yw pob her bellach. Priod-ddulliau wedyn. Meddyliwch am ddweud fod chwech o bobol am golli eu gwaith. Dydyn nhw ddim am golli eu gwaith. Nac ydyn. Dydyn nhw ddim yn dymuno colli eu gwaith. Mynd i golli eu gwaith maen nhw.

Rhaid derbyn tafodieithoedd gwahanol. Ond cawn y teimlad byth a hefyd fod tafodiaith Ceredigion yn cael ei mogi. Galwch fi'n groendenau, ond hwyrach mai gwraidd yr hollti blew hyn yw'r ffaith i fi fod yn wyddonydd. Ac mewn gwyddoniaeth mae cywirdeb yn hollbwysig. Dydi newyddiaduriaeth ddim yn wyddor fanwl fel y mae ffiseg, fe wn, ond dydi hynny ddim yn esgus dros ddefnyddio bratiaith.

Un peth y teimlaf yn falch ohono yw i fi osgoi gorliwio stori er mwyn iddi swnio neu edrych yn well. Mae yna hen ddywediad sy'n mynnu na ddylid gadael i ffeithiau amharu ar stori dda. Ond ni themtiwyd fi erioed i wneud hynny. Ac un peth sy'n gwneud i fi deimlo'n hapus yw fod pobol sydd wedi cael eu holi yn dweud wrtha i wedyn mod i wedi'u trin nhw'n deg. Ffordd arall yw hynny o ddweud i fi fod yn gywir. Dyna pam y bydda i weithie'n amau a ydw i'n newyddiadurwr. Does dim digon o'r diawl ynof i fod yn un.

Hanfod newyddiaduriaeth yw cyfleu storïau gwir i'r cyhoedd, hynny yw, adlewyrchu'r hyn sy'n digwydd. Ond nawr, gyda newyddion di-baid mor bwysig, mae yna wasgu ar newyddiadurwyr i broffwydo'r hyn sy'n debyg o ddigwydd yn hytrach na chroniclo'r hyn sydd wedi digwydd. A thrwy geisio rhag-weld digwyddiadau, nhw sy'n gosod yr agenda. Teimlaf fod y cyfryngau erbyn hyn yn rhy bwerus yn hynny o beth.

Heddiw rwy'n meddwl bod gohebyddion yn llawer rhy gaeth i'w cyfrifiaduron. Un tro fe ffoniais i Radio Wales gyda stori a allai fod yn ddefnyddiol iddyn nhw. Ond ar ôl esbonio craidd y stori roedd y ferch ar ben arall y lein yn amheus.

'Wyt ti'n siŵr?' gofynnodd.

Finne'n ateb, 'Wrth gwrs mod i'n siŵr.'

'Wel,' medde hi, 'does dim byd yn Prospects.'

Hynny yw, oherwydd nad oedd y stori ar ei rhestr hi ar y sgrin, doedd y stori ddim yn bodoli.

Pan oedd y plant yn fach fe fydden nhw'n gofyn am stori cyn mynd i gysgu. Os gwnawn i estyn am lyfr a chael stori i'w darllen fe fydden nhw'n gwrthod y syniad.

'Na,' medden nhw, 'ry'n ni am stori ceg.'

'Stori ceg' fydde stori y byddwn i'n ei hadrodd ar eu

cyfer nhw, stori y byddwn i wedi'i chael gan rywun arall. Ac rwy'n tybio bod yna'r fath beth â stori ceg mewn newyddion. Mae stori sydd wedi dod o geg rhywun arall yn llawer gwell stori nag un sydd wedi dod o lyfr, o gyfrifiadur neu o'r Prospects.

Erbyn hyn, cyfrifiaduron sy'n ein rheoli ni yn hytrach nag fel arall. Does dim lle i 'stori ceg', chwedl fy mhlant slawer dydd.

Epilog

AR ÔL TAIR BLYNEDD ar hugain gyda'r BBC penderfynais ymddeol ym mis Mawrth 2010. Yn wreiddiol roedd staff y BBC i fod i ymddeol yn drigain oed. Rown i'n cyrraedd yr oedran hwnnw ar 5 Mawrth 2007 ond ym mis Hydref y flwyddyn cynt newidiwyd y ddeddf, oedd yn golygu na fedrai cyflogwr orfodi neb i ymddeol nes eu bod nhw'n drigain a phump. Fe wnes i ddal ati felly am dair blynedd ychwanegol cyn ymddeol.

Roedd e'n benderfyniad cymharol hawdd yn y diwedd. Doedd dim cymaint o flas ar waith. Roedd y dull o weithio wedi newid. Lle rown i unwaith yn aelod o dîm, rown i bellach yn gweithio fel unigolyn. Roedd yr hwyl wedi diflannu ac roedd e, a bod yn onest, yn straen.

Ddwy flynedd cyn hynny rown i wedi symud i fyw i Dynewydd ym Mlaenpennal, hen gartref Tegs. Er ein bod ni'n rhentu'r 28 erw o dir ar gyfer tac, roedd yna gryn waith i'w wneud yno. Roedd hon, felly, yn adeg addas i ymddeol.

Mae Tynewydd mewn llecyn delfrydol, yn sefyll mewn triongl rhwng afon Aeron a'r Aeron Fach. Er nad oes gen i greaduriaid fy hun, byddaf yn ymweld â'r defaid a'r gwartheg tac ar feic cwad. Byddaf yn ei ddefnyddio hefyd i wasgaru pridd y wadd a chario coed tân. Mae 'na lawer o goed yn tyfu o gwmpas ac mae llwyth o goed eisoes wedi mynd i lawr yr holl ffordd i Gaerdydd i gartref Llŷr. Mae gen i hefyd ddau dractor, un ohonyn nhw'n un digon prin, sef Ferguson Gold Block. Hen dractor fy nhad yng nghyfraith ydyw. Cafodd ei ailadeiladu'n llwyr ryw dair blynedd yn ôl gan Llyr ap Iolo, ac mae'r injan mewn lliw aur. Dim ond yn ystod cyfnod o ddwy flynedd y cynhyrchwyd nhw ac mae'r un sy gen i wedi'i adfer i gyflwr mor dda fel na fyddaf yn ei ddefnyddio i wneud gwaith arferol. Ond fe fyddaf yn gyrru'r llall, tractor International.

Fe wnes i fwynhau fy nghyfnod gyda'r BBC yn fawr. Cefais gyfle i gwrdd â phobl ddiddorol, holi pobl enwog a chael mynd i fannau na fyddwn i erioed wedi bod ar eu cyfyl fel arall.

Nawr mae gen i gyfle i roi fy amser i'r teulu. Mae gen i bellach bedair wyres ac un ŵyr. Mae Erin, sy'n saith, a Cari, sy'n bedair, yn byw yn Nhreganna yng Nghaerdydd, plant Llŷr fy mab hynaf a Naomi, ac mae Llŷr yn dysgu yn Ysgol Gynradd Gartholwg. Yng Nghapel Seion, nid nepell o'r tŷ lle'i ganwyd, mae gan Sîon a'i wraig Charlotte ddwy ferch – Martha yn bump, Caitlin yn dair a mab, Henry Llywelyn, sy'n flwydd. Yng ngofal y Tecniwm ar y Lanfa yn Aberystwyth mae Sîon, menter gan Lywodraeth y Cynulliad ydyw ac mae'n cynnig cymorth i fusnesau wrth sefydlu eu hunain. Mae e'n dal i chwarae pêl-droed ac wedi ailymuno â'r Bont. Roedd fy nhad yn chwarae yn gêm gyntaf y tîm yng Nghynghrair

Aberystwyth a'r cylch yn 1947 ac ar ddechrau'r tymor yma roedd Siôn yn chwarae yn gêm gyntaf y Bont yng Nghynghrair y Canolbarth.

Fe fydde Nhad wedi dwlu cael merch. Chafodd e mo'i ddymuniad a bu'n rhaid iddo fodloni ar ddau fab. Yna dyma Dai fy mrawd a Kathleen yn cael mab, Alan, a finne a Tegs yn cael dau fab. Wedyn, dyma Llŷr a Siôn yn cael dwy ferch yr un cyn i Henry Llywelyn gyrraedd. Fe fydde Nhad wrth ei fodd. Rwy'n cofio ffonio adre am bump o'r gloch y bore i dorri'r newyddion fod Tegs wedi geni ei hail blentyn a Nhad yn gofyn yn eiddgar, 'Beth sy gen ti?' Finne'n dweud wrtho, 'Mab'. Yntau'n ateb wedyn, 'O, na, dim hen grwt arall!'

Ym Mlaenpennal, wrth gwrs, mae Pentre Bach, ac mae fy wyresau wrth eu bodd yn galw yno. Dyw'r ŵyr ddim yn ddigon hen eto i werthfawrogi'r lle.

Ar hyn o bryd mae'r gyfres *3 Lle* yn cael ei darlledu ar S4C, gan wahodd pobol i ymweld â'r tri llecyn pwysicaf yn eu bywyd. Fyddai gen i ddim anhawster dewis fy nhri hoff lecyn i.

Byddwn yn dechrau ar Ben y Bannau, y mynydd sy'n edrych i lawr ar y Bont. I fi mae e'n dal yn fynydd hud. Credwn yr hen stori fod yna gawg o aur wedi'i gladdu yno o dan yr enfys a bod ogof Twm Siôn Cati yno. O'r brig gallaf weld yr holl fannau o bwys – y cae pêl-droed, yr ysgol, y ddau sgwâr, gweithdy'r crydd a'r afon lle roedd ein pwll nofio ni blant. Bydden ni'n cronni'r afon rhwng y pentre a'r Fynachlog, ac yno y bydden ni'n plymio, nofio a thorheulo ar y geulan. Yno bydde'r afon yn berffaith lân a heb unrhyw lygredd yr adeg honno.

Yn ail, fe fyddwn i'n mynd i Rif 90 Bermondsey Street, SE1. Fe dreuliais i lawer o'm hieuenctid yno yn siop fy modryb a'm hewyrth. Ac er bod y lle mewn dinas roedd e'n union fel bod mewn pentre. Yno y gwelais i fy archfarchnad gynta a synnu wrth weld cwsmeriaid yn helpu eu hunain i nwyddau. Doedd neb yn gofyn am ddim, ond yn hytrach yn ei estyn o'r silff. Yno y gwelais i ddiwedd oes y *Palmant Aur*. Hwyrach fod yna arian i'w wneud, ond roedd bywyd yn galed. Ac os oedd gan berchnogion y gwahanol siopau arian, roedden nhw'n gweithio'n galed i'w ennill a doedd ganddyn nhw fawr ddim amser i'w wario.

Y trydydd lle fydde Campws Penglais, Aberystwyth. Yno y dechreuais i weithio yn y coleg. Oddi yno mae modd gweld y dre yn ei chyfanrwydd gan gynnwys Coedlan y Parc, a oedd i ni gynt yn 'The Wembley of the West'. O Benglais mae modd gweld yr hen stiwdio yn Cambrian Chambers a'r ail stiwdio yn Nhŷ'r Bad Achub. Ac erbyn hyn, Penglais yw'r lle y gwnes i ymddeol ohono wedi i'r stiwdio symud i Adeilad Parry-Williams, ddau gan llath o'r labordai lle cychwynnais ar fy swydd gynta oll yn fachgen ifanc.

Mae yna bedwerydd lle sy'n bwysig iawn i fi ac yn agos iawn at fy nghalon. Mae gwneud ambell orchwyl allan yn yr awyr agored yn Nhynewydd yn bleser pur. Gyda'r BBC roedd y gwaith yn ddiddiwedd – gweithio ar stori, ei darlledu cyn troi'n syth at stori arall. Yma mae'n wahanol. Yma, fe fydda i, hwyrach, yn codi wal ac yna'n medru camu 'nôl i werthfawrogi fy ngwaith. Pethe dros dro oedd storïau ar gyfer y radio a'r teledu. Yma mae ffrwyth fy llafur yn weladwy, a does dim yn rhoi mwy o bleser i fi na hynny.

Ar ymddeoliad John o'r BBC
31 Mawrth 2010

Heno, does ond cysgodion ar y tir;
   ac ni welir olion
   llyw y wlad; fe gyll y lôn
   redegydd Ceredigion.

Heno, nid ato am eitem – yr awn
   ar ras, mae na broblem;
   y lonydd a ddilynem
   yno o hyd – ond heb John Em.

Â John, fe gaem ddigonedd – ei ruddin
   a roddai i bob annedd;
   y noswaith, a'i hynawsedd;
   hon yw'r lôn a rannai'r wledd.

Â gwên, fe gofiwn gennad – fe'i gwysiwyd,
   hwn fu gwas yr henwlad
   yn awr ei nerth – cadarnhâd;
   enillwyd y Cynulliad.

Un mirain fu'n lladmerydd – un â naws
   hanesion ei fröydd;
   un â gair disglair i'r dydd;
   un a luniai ar lonydd.

Ellis Roberts

Hefyd o'r Lolfa:

HUNANGOFIANT
Eirwyn George
FEL HYN Y BU

£9.95

Wyn Mel
Y Fi a Mistar Urdd a'r Cwmni Da

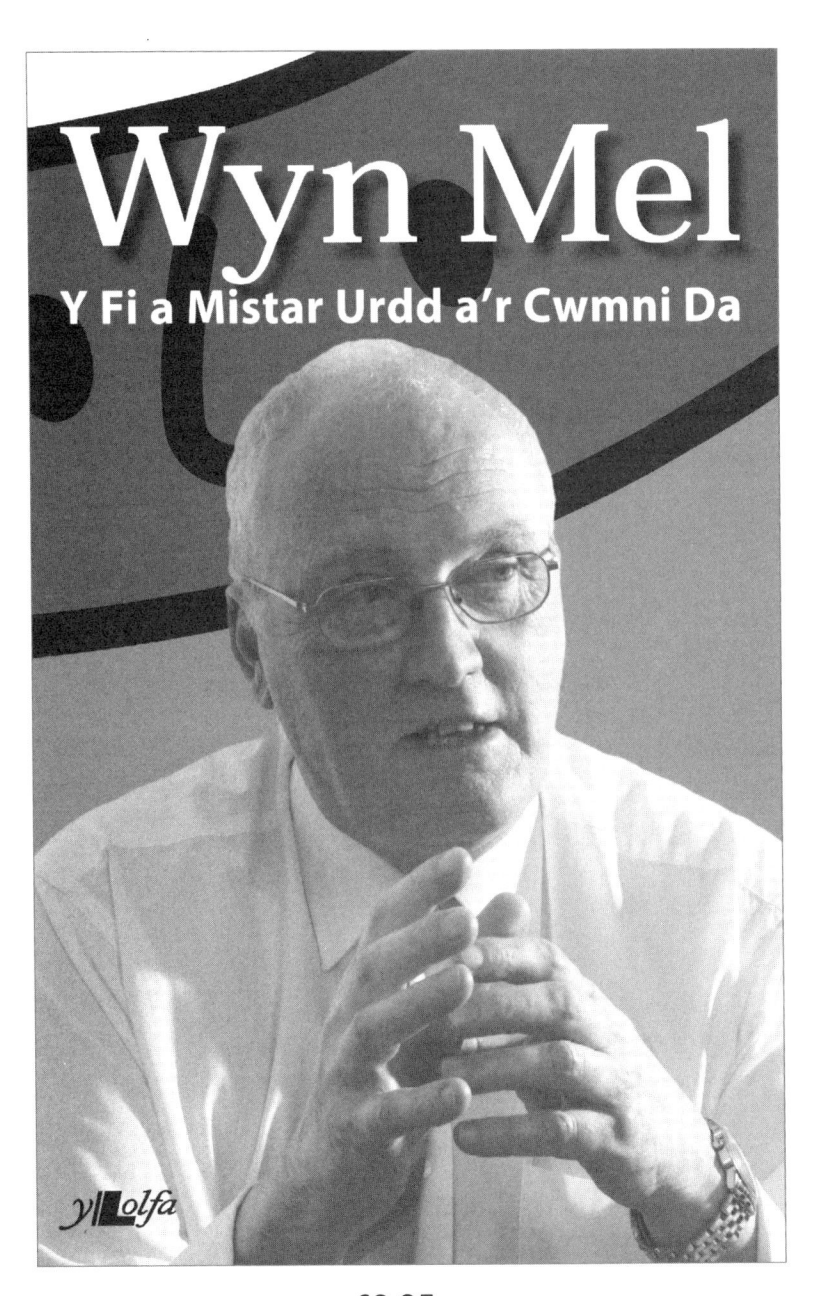

y Lolfa

£9.95

Am restr gyflawn o lyfrau'r Lolfa, mynnwch
gopi o'n catalog newydd, rhad
neu hwyliwch i mewn i'n gwefan

www.ylolfa.com

lle gallwch archebu llyfrau ar lein.

y Lolfa

TALYBONT CEREDIGION CYMRU SY24 5HE
ebost ylolfa@ylolfa.com
gwefan www.ylolfa.com
ffôn 01970 832 304
ffacs 832 782